rowohlts monographien
begründet von Kurt Kusenberg
herausgegeben
von Klaus Schröter

Henry D. Thoreau

mit Selbstzeugnissen
und Bilddokumenten
dargestellt von
Hans-Dieter und Helmut Klumpjan

Rowohlt

Dieser Band wurde eigens für «rowohlts monographien» geschrieben
Den Anhang besorgten die Autoren
Herausgeber: Klaus Schröter
Mitarbeit: Uwe Naumann
Assistenz: Erika Ahlers
Schlußredaktion: K. A. Eberle
Umschlagentwurf: Werner Rebhuhn
Vorderseite: Henry David Thoreau, 1861. Ambrotypie von E. S. Dunshee
Rückseite: Gemeindehaus von Concord, Massachusetts, USA

Veröffentlicht im Rowohlt Taschenbuch Verlag GmbH,
Reinbek bei Hamburg, August 1986
Copyright © 1986 by Rowohlt Taschenbuch Verlag GmbH,
Reinbek bei Hamburg
Alle Rechte an dieser Ausgabe vorbehalten
Satz Times (Linotron 202)
Gesamtherstellung Clausen & Bosse, Leck
Printed in Germany
980-ISBN 3 499 50356 5

Inhalt

Henry David Thoreau, 1856. Daguerreotypie von B. D. Maxham

Vorwort

Das Leben mancher Menschen ist nichts anderes als ein einziges Streben, ein Verlangen nach einer höheren Existenzstufe, und solche Menschen werden nur dann nicht völlig mißverstanden, wenn man sich mit allen ihren Wandlungen befaßt und sie durch all ihre Metamorphosen hindurch verfolgt.[1]*

Diese Tagebucheintragung findet im Leben ihres Autors, der sich zweifellos diesem Menschentyp zurechnete, in besonderem Maße ihre Bestätigung: Wie kaum ein anderer Schriftsteller ist Henry David Thoreau von Lesern und Kritikern mißverstanden worden, weil man ihn nicht durch all seine Wandlungen hindurch verfolgt, sondern diesen oder jenen Aspekt aus seinem Werk oder seiner Lebensgeschichte herausgerissen, isoliert und verabsolutiert hat. Weil Thoreau radikale Wandlungen durchmachte, die es nicht erlauben, ihn eindeutig einzuordnen, konnte er immer wieder vor den Karren unterschiedlichster Ideologien gespannt werden. Thoreau war ein widerspenstiger Typ, widersprüchlich in seinen Aussagen wie in seinem Charakter; er sah es als einen unverzichtbaren Bestandteil seines radikalen Nonkonformismus an, die zahllosen Widersprüche in seinen Schriften unaufgelöst nebeneinander stehenzulassen, um so die Leser zu provozieren, sich ihre eigenen Gedanken zu machen.

Die extreme Widersprüchlichkeit von Thoreaus Äußerungen und die fast schon chamäleonartige Vielfarbigkeit seiner Aktionen hat seit jeher dazu verleitet, ihn für diese oder jene Schublade eines gängigen Kategoriensystems zurechtzustutzen, indem sich die Interpreten einseitig auf einen einzigen Aspekt seines Werks konzentrierten und Widersprüche übergingen. Wir haben uns bemüht, dieser Versuchung nicht zu erliegen, sondern zumindest in Umrissen den «ganzen» Thoreau mit all seinen Unstimmigkeiten erkennbar werden zu lassen. Zwar brachte die vorgegebene Umfangsbegrenzung das Problem mit sich, daß die zahlreichen Facetten Thoreaus nicht in der wünschenswerten Ausführlichkeit dargestellt werden konnten, doch erschien uns dies noch immer als das geringere Übel im Vergleich zur üblichen Praxis der Herauslösung eines

* Die hochgestellten Ziffern verweisen auf die Anmerkungen S. 140 f.

einzigen modischen Aspekts, der dann dem unkundigen Leser als der vermeintlich «eigentliche» Thoreau präsentiert wird.

Eine noch schwieriger zu bewältigende Aufgabe stellte die Übersetzung der Thoreau-Zitate dar. Der sprachliche Reichtum Thoreaus geht unvermeidlich in der Übersetzung weitgehend verloren. Daher gilt hier in besonderem Maße, daß die Übersetzung das Original nicht ersetzen, sondern zu ihm hinführen soll. Zu der Lektüre von Thoreaus faszinierendem Werk soll diese Bildmonographie einladen und den Weg weisen.

Concord, um 1840

Concord: Geburtsstätte Thoreaus und des Neuengland-Transzendentalismus

Thoreaus Geburtsort Concord ist auch heute noch eine idyllische Kleinstadt nahe Boston im US-Staat Massachusetts, der ja oft die Wiege der Vereinigten Staaten genannt wird, da hier zahlreiche Gedenkstätten der Unabhängigkeitsbewegung liegen, die von den Amerikanern noch immer mit fast sakraler Inbrunst verehrt werden. Unter diesen «Nationalheiligtümern» nimmt das kleine Concord einen ganz besonderen Rang ein – fielen doch hier am 19. April 1775 an der North Bridge die ersten Schüsse des Unabhängigkeitskrieges: Auf der einen Seite des Concord River standen damals die britischen Soldaten, auf der anderen Seite die «Minutemen», wie sich die einheimischen Farmermilizen nannten. Concords

Ruhm aber reicht noch weiter zurück, denn es ist auch die 1635 gegründete erste Inlandssiedlung der puritanischen Pilgerväter. Concord ist insofern auch ein Inbegriff für das religiös-politische Erbe, das Neuengland prägte, nämlich für den Puritanismus mit seinem Sendungsbewußtsein und seinem unbezwingbaren Pioniergeist, aber auch mit seiner asketischen Strenge und seiner dogmatischen Intoleranz.

Zu den zahlreichen verfolgten religiösen Minderheiten, die den Pilgervätern nach Amerika folgten, gehörte auch der väterliche Zweig von Thoreaus Familie: Die Thiereaux zählten zu einer Gruppe von Hugenotten, die im 18. Jahrhundert aus religiösen Gründen die Insel Jersey verlassen hatten. Zwei weitere religiöse Minderheiten waren im mütterlichen Zweig von Thoreaus Familie vertreten: Schottische Presbyterianer und englische Quäker. Dies Nebeneinander unterschiedlicher religiöser Traditionen in ein und derselben Familie ist symptomatisch für die religiöse Landschaft Neuenglands: zu dem von Anfang an dominanten orthodoxen Puritanismus der Kongregationalisten (oder Trinitarier, wie man sie später nannte) traten schon sehr früh andere protestantische Fermente, die einen religiösen Gärungsprozeß auslösten, der die orthodoxen Puritaner nicht nur um ihre politische Vorherrschaft brachte, sondern zu Beginn des 19. Jahrhunderts durch das Entstehen des neuenglischen Unitarismus auch auf kirchlichem Gebiet die Dominanz des orthodoxen Puritanismus beendete.

Doch damit war der spirituelle Fermentationsprozeß noch keineswegs zum Abschluß gebracht worden, wenngleich dies die Unitarier, die sich ja selbst als die Vollendung des Protestantismus verstanden, hatten glauben wollen. Unter dem Einfluß der Ideen der europäischen Romantik und der durch Coleridge und Carlyle vermittelten Transzendentalphilosophie von Fichte, Schelling, Schleiermacher und Kant bahnte sich nämlich im Umfeld der Zweiten Großen Erweckungsbewegung der USA (1795–1835) eine Revolte gegen den Unitarismus an. Es entstand eine theologisch-philosophische Revolution, die pikanterweise von unitarischen Pfarrerssöhnen ihren Ausgang nahm und in der ersten Hälfte des 19. Jahrhunderts dann mit dem Neuengland-Transzendentalismus die erste große geistig-kulturelle Blüte Nordamerikas hervorbrachte. Hierzu lieferten Thoreau und vor allem sein Lehrer Emerson wesentliche Beiträge. In der Entstehungsphase des Neuengland-Transzendentalismus hatte die theologische Kritik am Unitarismus ganz im Vordergrund gestanden: die Söhne unitarischer Pfarrer warfen ihren Vätern vor, den Protestantismus durch die Aufnahme rationalistischen Gedankengutes zu einer verknöcherten Institution gemacht zu haben, in der religiöse Gefühle und Transzendenzerfahrungen keinen Platz mehr hätten; Religion sei im Unitarismus zum bloßen Gesellschaftsereignis degeneriert. Später rückten dann mehr die philosophischen und literarischen Momente ins Zentrum des Neuengland-Transzendentalismus.

Der Angriff, der von der deutschen Transzendentalphilosophie und von der europäischen Romantik gegen den Rationalismus und den Empirismus geführt wurde, kam diesen revoltierenden jungen Unitariern gerade gelegen, weil ihnen auf der anderen Seite des Atlantik die fertigen Kritikinstrumente gegen den Unitarismus geliefert wurden, der ja versucht hatte, die Krise des Puritanismus durch die Aufnahme aufklärerischen Gedankengutes, das heißt durch eine Versöhnung von Glaube und Vernunft, zu meistern. In den dreißiger Jahren begannen unzufriedene junge unitarische Pfarrer Neuenglands damit, sich sporadisch zu treffen und über neues europäisches Gedankengut zu diskutieren. 1836 kristallisierte sich in Boston unter Führung des Pfarrers Frederic Henry Hedge, der in Göttingen studiert hatte und daher als kompetenter Vermittler neuen deutschen Gedankengutes fungieren konnte, eine relativ konstante Gruppierung heraus, die von Außenstehenden als «Transcendental Club» bezeichnet wurde – wenngleich nicht ganz zu Recht, da der Transzendenz-

Ralph Waldo Emerson

Begriff von Emerson und seinen Anhängern wesentlich weiter gefaßt war als etwa der Kantsche Terminus «transzendental». Der «Club» wurde zum Kern der Bewegung des Neuengland-Transzendentalismus. Als sich der Personenkreis immer mehr vergrößerte, wurde der Zusammenhalt durch verschiedene Zeitschriften aufrechterhalten, deren wichtigste «The Dial» (1840–44) war. Dennoch zeigten sich schon 1845 erste Auflösungserscheinungen; in den achtziger Jahren des vergangenen Jahrhunderts kam es dann zum Untergang des Neuengland-Transzendentalismus, dessen Einfluß jedoch als geistiges Ferment in der amerikanischen Kultur bis heute wirksam blieb.

Zur Zentralfigur des Neuengland-Transzendentalismus und zugleich zum Gründervater einer eigenständigen amerikanischen Philosophie und Literatur wurde Ralph Waldo Emerson (1803–82), der schon früh sein unitarisches Pfarramt aufgegeben hatte. Ihm und den übrigen Neuengland-Transzendentalisten ist es zu verdanken, daß trotz des traditionell kunstfeindlichen puritanischen Milieus in der ersten Hälfte des 19. Jahrhunderts in Neuengland die erste kulturelle Blüteperiode der USA entstand. Die äußerst vielfältigen Bestandteile des Neuengland-Transzendentalismus – vor allem seine intuitive Philosophie, sein entdogmatisiertes Religionsverständnis, sein Nonkonformismus, sein moralisch verantwortlicher Individualismus und sein egalitärer Humanismus – sind als kritische Fermente in die amerikanische Zivilisation eingegangen und dort bis heute wirksam geblieben. Der Neuengland-Transzendentalismus trug nicht unwesentlich dazu bei, daß der tradierte intolerante religiöse Dogmatismus durch weltanschauliche Toleranz ersetzt wurde, der eher repressive moralische Rigorismus der Puritaner in zahllosen sozialreformerischen Aktivitäten eine positive Ausdrucksform finden konnte, die Kritik am Materialismus in der geistig-kulturellen Elite Amerikas lebendig blieb, der Individualismus bei ihr nicht auf Besitzindividualismus verkürzt wurde, vor allem aber dazu, daß sich in den USA jenes spezifische Verständnis von Liberalismus entwickeln konnte, welches wirtschaftliche Freiheit stets mit sozialer Verantwortung, politisches Handeln mit dem Gebot öffentlicher Tugend und Wohlstand immer mit der Verpflichtung zu humanitärem Engagement zu verbinden pflegt.

Diese knappe Einleitung soll mit ein paar Bemerkungen über die Zeit schließen, in die hinein Thoreau geboren wurde. Die erste Hälfte des 19. Jahrhunderts war für die USA, insbesondere für Neuengland, eine Zeit tiefgreifenden Umbruchs. Mit der Errichtung der ersten Textilfabriken in Massachusetts begann auch für Amerika das Zeitalter der Industrialisierung. Die «frontier», also die Siedlungsgrenze, rückte rasch nach Westen vor. Durch die Eisenbahnen wurde der neue Siedlungsraum rasch zivilisatorisch erschlossen. Der Pioniergeist des Grenzlandes und das gewaltige Anwachsen der Zahl kleiner Landbesitzer wirkten sich nachhaltig auf die politische Kultur der USA aus: Unter Präsident Andrew Jackson (1829–37 im Amt) kam es zu einer Fundamentaldemokratisierung des öffentlichen Lebens. Gleichzeitig begann sich jedoch der Gegensatz zwischen dem sklavenfreien industrieorientierten Norden und dem sklavenhaltenden agrarischen Süden so unaufhaltsam zu verschärfen, daß er schließlich 1861 zur Bürgerkriegskatastrophe führte.

Stationen seines Lebensweges

David Henry Thoreau (so die ursprüngliche Namensfolge) wurde am 12. Juli 1817 in Concord, Mass. geboren. Erst kurz vor seiner Geburt hatte der Vater mit seinem Krämerladen Bankrott gemacht; bald darauf zog er nebst Familie zunächst nach Chelmsford, Mass. und dann in die nahe Handelsmetropole Boston, um hier einen neuen Lebensunterhalt zu finden. Aber schon 1823 kehrte man nach Concord zurück, das damals kaum mehr als 2000 Einwohner zählte. Hier gelang es dem Vater, ein bescheidenes Auskommen als Bleistiftmacher zu finden.

So kam Henry David – wie er sich später dann selber nannte – in einem Alter nach Concord zurück, das es ihm erlaubte, sich voll mit diesem Städtchen als seiner Heimat zu identifizieren. Erst später sollte ihm bewußt werden, welch ein Glücksfall die Rückkehr der Familie für ihn ge-

Thoreaus Geburtshaus in Concord

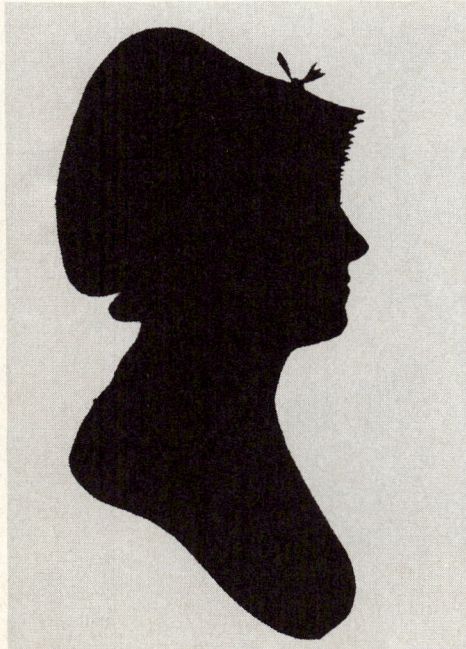

Der Vater:
John Thoreau

Die Mutter:
Cynthia Thoreau

wesen war: *Ich wurde an dem schätzenswertesten Ort der Welt geboren, und noch dazu im idealen Augenblick,* vermerkte er 1856 in seinem Tagebuch.[2] Denn in der ersten Hälfte des 19. Jahrhunderts sollte Concord zu einer Art von Weimar auf amerikanischem Boden werden, ein verträumtes Städtchen, das wie ein Magnet die geistige und künstlerische Elite Neuenglands anzog und dadurch die Geburtsstätte einer eigenständigen amerikanischen Kultur wurde.

Hier wuchs Thoreau im Kreise seiner Eltern und Geschwister auf. Da waren die Eltern John und Cynthia (geb. Dunbar), dann seine älteren Geschwister Helen und John sowie seine jüngere Schwester Sophia. Die ehrgeizige und dominante Mutter bemühte sich nach Kräften, den Kindern eine gute Schulbildung zuteil werden zu lassen. So wurde Henry auf die private «Academy» von Concord statt auf die weniger renommierte öffentliche Schule geschickt. Hier wie auch später bei seinem Studium in Harvard erwies sich Henry zwar stets als guter, aber nie als überragender Schüler. Schüchtern und einzelgängerisch, ernst und introvertiert stand er ganz im Schatten seines älteren Bruders John, der immer im Mittelpunkt seiner Klassenkameraden zu finden war und zweifellos auch der Hoffnungsträger seiner Eltern war.

Da die Kosten eines Universitätsstudiums die finanziellen Möglichkei-

Orestes A. Brownson

ten der Eltern überstiegen, unterstützte Helen, die gerade ihre Ausbildung als Lehrerin beendet hatte und nun mitverdiente, Henry David während seines Studiums. So hatte er es ihr zu verdanken, daß er ab 1833 die Harvard University besuchen konnte. So sehr es vorher sein Wunsch gewesen war, studieren zu dürfen, so sehr enttäuschte ihn nun das lebensferne Lehrangebot der meisten Professoren. Daher studierte er nach Möglichkeit auf eigene Faust, und die Bibliothek wurde sein liebster Aufenthaltsort.

Zur Vorbereitung auf den Lehrerberuf gehörte auch ein Schulpraktikum, das Henry David in den Semesterferien des Jahres 1835 ableistete. Es war ein glücklicher Zufall, daß er dabei an den Pfarrer Orestes A. Brownson verwiesen wurde. Hier lernte er nicht nur die Anfangsgründe der deutschen Sprache, sondern eine ganz andere Welt kennen als diejenige, welche man ihm in Harvard vermittelt hatte; denn in Brownson begegnete er einem der führenden Sozialreformer der transzendentalistischen Bewegung. Für Thoreau bedeuteten diese Wochen geradezu ein geistiges Erweckungserlebnis, wie er später in einem Brief an seinen Mentor äußerte: *Diese Wochen waren eine wirkliche Ära meines Lebens, – der Morgen eines neuen Lebenstages.*[3]

1837 hatte er endlich seine Studien beendet und mit der Graduierung die Möglichkeit erworben, als Lehrer zu arbeiten. Ein Aufbaustudium für den Beruf des Arztes, Pfarrers oder Juristen konnte er sich finanziell nicht leisten, doch war er wohl auch den Studienbetrieb leid. Die unorthodoxe Art seines Denkens, die ihm die Anpassung an die Studienroutine so schwergemacht hatte, war andererseits eine Anregung für ihn gewesen, sich aus eigener Initiative breiter zu bilden als die meisten seiner Studienkameraden, die nur das aufgegebene Pensum erledigten.

Kerngedanken seiner Lektüre hatte er schon in den ersten Jahren der Universitätszeit in seinen *Notebooks* niedergeschrieben, die er liebevoll sammelte und ergänzte. Zentraler Gedanke aller Niederschriften war das Streben des Menschen, über sich hinauszuwachsen, sich zu transzendieren. So war auch der Vers, den er am liebsten zitierte, die Zusammenfassung dieses Denkens. Er stammte von dem englischen Schriftsteller Samuel Daniel und lautete: «Welch armselig Ding bleibt doch der Mann, der nicht über sich selbst sich erheben kann.»[4] Anfang 1837 erhielt er einen besonders intensiven geistigen Anstoß durch die im Jahr zuvor erschienene Schrift «Natur» des ehemaligen Bostoner Pfarrers Ralph Waldo Emerson, die ihn in ihren unorthodoxen Gedankengängen faszinierte. Emerson beklagte darin die Verbildung seines Zeitalters, das den unmittelbaren Zugang zu Natur und Kultur verloren hätte und diese nur noch durch die Augen der vorhergehenden Generationen sehen könne: «Warum sollten wir nicht eine Dichtung und Philosophie eigener Einsicht, statt einer auf Tradition beruhenden besitzen?»[5] Das genau war es, was Thoreau sich ersehnte: Eine ursprüngliche, unmittelbare Hinwendung zum Leben, ohne Mittler, die es ermöglichte, Gott in seiner Schöpfung von Angesicht zu Angesicht wiederzuerkennen und diese Erfahrung ohne traditionelle Formzwänge zum Ausdruck zu bringen.

Als Henry David 1837 den akademischen Grad eines Baccalaureus erlangte, stand für ihn durch die Vermittlung von Mutter und Schwester schon eine Lehrstelle an der Public School von Concord bereit. So schien eine gesicherte Zukunft für ihn gleichsam vorprogrammiert. Die Abwendung von der sterilen Universitätsatmosphäre und die Freude über die Rückkehr in seinen geliebten Heimatort waren für ihn überwältigend. Schon früher hatte er seinem Notizbuch anvertraut: *Vergäße ich deiner je, o Concord, so würde ich meiner Rechten und ihrer Geschicklichkeit vergessen.*[6] Und im Bewußtsein berechtigten Stolzes über diesen Ort hatte er hinzugefügt: *In welche Himmelsgegend der Welt ich auch wandern mag, werde ich es doch immer als Glück betrachten, aus Concord North Bridge zu stammen.*[7]

Ein Ereignis desselben Jahres schuf jedoch die Voraussetzung dafür, daß Thoreau schon bald den gerade erst eingeschlagenen Weg des Lehrers verlassen sollte: Durch einen Pensionsgast im Thoreauschen Haus, Lydia Jackson-Brown, erhielt Henry David nämlich die Gelegenheit, deren Schwager Ralph Waldo Emerson persönlich kennenzulernen. Zu diesem Zeitpunkt war dieser für den gebildeten Teil Concords bereits ein aufsteigender Stern am Gelehrtenhimmel. Sein schon erwähnter Essay «Natur» war geradezu zum Katalysator für die Entstehung jener geistigen Neuorientierung geworden, die wir Neuengland-Transzendentalismus nennen.

Emerson muß wohl dem intelligenten jungen Mann, der nicht nur sein Werk intensiv gelesen hatte, sondern der zugleich überdurchschnittliche Kenntnisse von dem gesamten Spektrum der damaligen Literatur besaß, sehr angetan gewesen sein. Schon bald glaubte Emerson, in dem jungen Thoreau die Verkörperung seines Ideals des «Amerikanischen Gelehrten» zu entdecken, das er kurz zuvor in einem Vortrag gleichen Titels entworfen hatte. Diese ideale Figur sollte das neue, kulturell emanzipierte Amerika verkörpern: Ein junger, gebildeter Mensch, mit tiefem Verständnis für die Kunst und einer echten Hingabe an die Natur versehen. So wurde Henry David mit offenen Armen im Emersonschen Haus aufgenommen und schon bald in den Kreis der Transzendentalisten eingeführt.

Die geistigen Höhenflüge in den Diskussionen im Kreise Emersons und seiner Freunde standen im krassen Gegensatz zu dem, was Thoreau täglich in der Public School seines Ortes erlebte. Hier stand die Erziehung noch unter dem Diktat von Drill und Schlagstock. Diesen Zustand konnte der junge, idealistisch gesinnte Lehrer nicht lange ertragen. Wie er sich das Schulleben und den ihm gemäßen Erziehungsstil vorstellte, hatte er am 30. Dezember des Jahres in einem Brief an seinen Mentor Orestes A.

Brownson geschrieben: *Ich suche eine Stelle an einer kleinen Schule oder als Hilfskraft an einer großen, oder, was mir noch lieber wäre, als Privatlehrer in einer angesehenen Familie ... Ich würde die Erziehung zu einer angenehmen Sache machen sowohl für den Lehrer als auch für den Schüler ... Wir sollten danach trachten, Partner der Schüler zu sein, und wir würden nicht nur mit, sondern auch von ihnen lernen, wenn wir sie nach Kräften unterstützten.*[8]

Um dem täglichen Konflikt in der Schule zu entgehen – er war von der Schulleitung ausdrücklich ermahnt worden, endlich von der Prügelstrafe Gebrauch zu machen –, loste er ein halbes Dutzend seiner Schüler aus, gab jedem von ihnen einen symbolischen Klaps und reichte gleich darauf seine Kündigung ein.

Die Abkehr von den gesellschaftlichen Normen, die er durch seine Kündigung als Lehrer in aller Öffentlichkeit demonstriert hatte, vollzog er noch einmal für sich selbst, indem er die ursprüngliche Folge seiner beiden Vornamen David Henry umkehrte. Er wollte nicht den ihm von Gesellschaft und Familie vorgezeichneten Weg gehen, sondern seine eigene Identität finden.

Thoreaus erste Eintragung ins Tagebuch

Der 22. Oktober des Jahres 1837 wurde für Thoreau, vielleicht aber noch mehr für die spätere Forschung, zu einem wichtigen Datum. An diesem Tag fing er damit an, seine Gedanken einem Tagebuch anzuvertrauen, das für sein ganzes weiteres Leben von großer Bedeutung blieb. Er begann es mit den an Montaigne erinnernden Worten: *Um allein zu sein, ist es notwendig, der Gegenwart zu entfliehen. Ich meide mich selbst ... Ich suche eine Dachkammer auf.*[9]

1838 wurde für Thoreau ein Jahr des inneren Aufbruchs. Die Begeisterung über die neu entdeckten Lebensperspektiven zeigte sich auch in Thoreaus Tagebucheintragungen. Er schrieb unter anderem: *Wie kann ein Mensch dasitzen und ruhig an den Nägeln kauen, während sich die Erde inmitten von Sphärenmusik dreht ...*[10] Diese Aufbruchstimmung gab ihm auch den Mut, in der Mitte des Jahres in Concord selber eine Privatschule zu eröffnen, um dort ungehindert seine pädagogischen Reformen verwirklichen zu können. Zur Überraschung aller wurde daraus ein erfolgreiches Experiment. Der gute Ruf, den die Schule schon bald erlangte, trug wohl auch dazu bei, daß Henry David zum Sekretär des 1829 gegründeten Lyceums von Concord ernannt wurde. Damit arbeitete er nunmehr an einer der wichtigsten Bildungsinstitutionen Amerikas mit, denn dieser Vorläufer der Volkshochschule nahm durch regelmäßige Vortragsveranstaltungen einen kaum zu überschätzenden Einfluß auf die Erwachsenenbildung. Noch in demselben Jahr durfte er am Lyceum auch seinen ersten öffentlichen Vortrag mit dem Titel *Die Gesellschaft (Society)* halten.

Das Ansehen von Thoreaus kleiner Privatschule nötigte ihn schon bald zu einer Vergrößerung, und so stellte er seinen Bruder John 1839 als zweiten Lehrer ein. Diese gemeinsame Arbeit vertiefte noch die brüderliche Zuneigung, die sie schon immer verbunden hatte. Im August dieses Jahres entschlossen sich beide, mit einem selbstgebauten Boot eine zweiwöchige Fahrt auf den Flüssen Concord und Merrimack zu unternehmen. Diese gemeinsame Kanufahrt fand später in einem Buch gleichen Titels ihren literarischen Niederschlag.

Ein zweites Erlebnis teilten sich die beiden Brüder. Über Edmund Sewall, Henry Davids Lieblingsschüler, lernten beide dessen siebzehnjährige Schwester Ellen kennen und verliebten sich in sie. Henry verarbeitete dieses Erlebnis in seinem Tagebuch: *Es gibt keine Arznei gegen die Liebe, außer daß man noch stärker liebt.*[11] Keiner der beiden Brüder ging jedoch als Sieger aus dieser Beziehung hervor, vermutlich weil Ellens Vater – ein erzkonservativer Pfarrer – in der liberal-religiösen Haltung der Thoreaus eine Beleidigung seiner eigenen orthodoxen Überzeugungen sah und so einer Heirat die Zustimmung verweigerte.

1840 schloß Henry David zwei neue Freundschaften, die von Dauer sein sollten. Er lernte den Reformpädagogen Amos B. Alcott und den Dichter William Ellery Channing kennen, die beide sein Denken stark

Ellen Sewall

beeinflußten. Von zwei Essays – *Aulus Persius Flaccus* und *The Service* –, die er auf Anregung Emersons an die Herausgeberin des «Dial», Margaret Fuller, geschickt hatte, wurde nur ersterer angenommen. Es wurde seine erste Veröffentlichung. *The Service* wurde hingegen als stilistisch zu «extravagant» zurückgewiesen.

Das Jahr 1841 begann wenig erfreulich. Weil sein Bruder John an offener Tuberkulose erkrankt war, mußte die so erfolgreich gestartete Privatschule geschlossen werden. Die depressive Stimmung, die dadurch entstanden war, schlug sich deutlich in den Tagebucheintragungen nieder. Andererseits tauchten aber auch Notizen über Pläne auf, ein Stück Land zu pachten, um auf einer kleinen, autarken Farm ein wirklich unabhängiges Leben führen zu können. Vor allem wegen Geldmangels mußte dieses

21

Vorhaben jedoch bis auf weiteres zurückgestellt werden. Der Einladung, mit auf die gerade von transzendentalistischen Freunden gegründete Landkommune «Brook Farm» zu ziehen, wollte Thoreau aber auch nicht Folge leisten, nicht zuletzt, weil er seine Unabhängigkeit nicht sogleich wieder an eine neue soziale Organisation verlieren wollte. Sein Bedürfnis nach Unabhängigkeit war auch ein entscheidender Grund für den Kirchenaustritt, den er in diesem Jahr vollzog. Er veröffentlichte eine Erklärung, in der er seine Weigerung, die Kirchensteuer von einem Dollar zu entrichten, damit begründete, er wolle keiner Vereinigung angehören, der er nicht aus eigenem freiem Entschluß beigetreten sei.

Ein Angebot Emersons und seiner zweiten Frau Lidian, für ein Jahr in ihrem Haus zu wohnen, ließ Thoreau leichter über die Schließung seiner Schule hinwegkommen. Mit etwas Arbeit in Haus und Garten sollte er für Unterkunft und Verpflegung zahlen. Dieser Umzug gab ihm die Möglichkeit, sich vertieft mit dem Transzendentalismus auseinanderzusetzen. Er hatte Emersons umfangreiche Bibliothek zur Verfügung und arbeitete gleichzeitig am «Dial» mit. Gegen Ende des Jahres erschienen Gedanken in seinem Tagebuch, die darauf hinwiesen, daß er sein Vorhaben, sich in die Einsamkeit der Natur zurückzuziehen, noch nicht aufgegeben hatte. Er schrieb: *Ich möchte bald fort und am See leben, wo ich nur den Wind im Schilf flüstern höre. Es wird von Erfolg sein, wenn ich sozusagen mein*

Emersons Haus

Selbst hier zurücklasse. Meine Freunde fragen allerdings, was ich dort machen will. Ist es denn nicht Beschäftigung genug, den Lauf der Jahreszeiten zu verfolgen?[12]

Das Jahr 1842 begann für Thoreau und seinen väterlichen Freund Emerson äußerst tragisch. Im Januar starb Henry Davids Bruder John an einer Tetanus-Infektion. Dieses Ereignis beeinflußte ihn psychosomatisch in einer solch starken Weise, daß er, ohne selbst infiziert worden zu sein, dieselben Symptome wie sein Bruder entwickelte und dem Tode nahe war. Zur gleichen Zeit erkrankte Emersons erster Sohn Waldo an Scharlach und starb zwei Wochen nach John Thoreau. Henry Davids erste Tagebucheintragung dieses Jahres datiert vom 21. Februar und enthält den bezeichnenden Satz: *Ich fühle mich, als wenn sich im letzten Monat Jahre aufgetürmt hätten.*[13]

Zur gleichen Zeit begann sich – trotz der gemeinsamen Erfahrungen von Leid und Tod – das Verhältnis zwischen Thoreau und Emerson abzukühlen. Wie es zu diesem Entfremdungsprozeß gekommen war und wie er verlief, läßt sich nur schwer verfolgen, da die Tagebücher Thoreaus vom April 1842 bis zum Juli 1845 verloren sind. Andererseits konnte Thoreau eine neue Bekanntschaft zu dem jungen Dichter Nathaniel Hawthorne anbahnen, der gerade mit seiner Familie nach Concord gezogen war. Trost fand Thoreau aber vor allem in der Natur, deren heilende Kraft er im Essay *Eine Naturgeschichte von Massachusetts* beschrieb.

Im Frühjahr 1843 vermittelte ihm Emerson eine Tutorenstelle im Hause seines Bruders William auf Staten Island nahe der Pressehochburg New York. Vielleicht würde Thoreau dort eine Anstellung als Journalist finden können. Doch die Hektik und das Elend der nahen Metropole ließen ihn schon bald in Depression verfallen: *Die Schweine auf der Straße sind hier noch der respektabelste Teil der Bevölkerung*[14], teilte er Emerson in einem Brief mit. Daher zog er schon im Dezember nach Concord zurück. Auch ansonsten war für ihn das Jahr wenig erfolgreich. Er konnte nur zwei Essays veröffentlichen, jedoch hatte er während seines New Yorker Aufenthalts immerhin im Gründer der «New York Tribune», Horace Greeley, einen hervorragenden Presseagenten gefunden.

1844. Nach der Rückkehr verschaffte ihm sein Vater wieder Arbeit in der kleinen Bleistiftfabrik. Sein Sohn entwickelte eine verbesserte Graphitmine und half beim Neubau des väterlichen Hauses. Im April passierte ihm das Mißgeschick, bei einem Ausflug mit einem Schulfreund ein Picknick-Feuer nicht mehr unter Kontrolle zu bekommen, so daß mehrere hundert Acres profitablen Waldes verbrannten. Dieses Ereignis, das starke Kritik in Concords Bevölkerung hervorrief, zumal Thoreau sich nicht an den Löscharbeiten beteiligt hatte, traf ihn mehr, als er öffentlich zugeben wollte. Später aber schrieb er in sein Tagebuch: *Es war ein herrliches Schauspiel, und ich war der einzige, der Freude daran hatte.*[15]

1845 zog Thoreaus Familie in die Texas Street um. So schön und groß das neugebaute Domizil auch geworden war, bot es Henry David doch nicht die Ruhe, die er sich für seine Arbeit wünschte, da auch im neuen Haus wieder Pensionsgäste wohnten. Er selbst hatte sich inzwischen endgültig entschlossen, die Laufbahn eines Schriftstellers einzuschlagen. Den schlechten Ruf, den er sich bei seinen Mitbürgern durch sein Verhalten beim Waldbrand erworben hatte, erweiterte er noch um die Abstempelung als ausgesprochener Sonderling, als er im März mit dem Bau einer Hütte am zwei Meilen entfernten Walden-See begann, um hier ein Experiment zur Verwirklichung eines unabhängigen und von Entfremdung freien Lebens zu beginnen. Den Auszug aus Concord wollte er als demonstrativen Akt verstanden wissen und wählte daher den 4. Juli, den Unabhängigkeitstag der Vereinigten Staaten. Ellery Channing schrieb ihm zu seinem Vorhaben: «Geh ... baue Dir eine Hütte und beginne dort den großen Prozeß, Dich lebendig zu verschlingen. Ich sehe keine andere Alternative für Dich.»[16] Seine Walden-Zeit hatte begonnen, die er nach vielen Unterbrechungen 1847 beendete.

Ein Ereignis von vordergründig geringer Bedeutung lieferte 1846 einen wichtigen Stoff für Thoreaus literarische Tätigkeit und den späteren Ruhm, den er hierdurch gewann. Am 23. Juli wurde er vom Constabler und Steuereinnehmer Sam Staples ins Gefängnis von Concord gesteckt, weil er mehrere Jahre die sogenannte Wahlsteuer nicht entrichtet hatte. Schon nach einer Nacht kam Thoreau jedoch wieder frei, nachdem ein Verwandter (wahrscheinlich seine Tante Mary) den fälligen Betrag bezahlt hatte. Diesen Vorfall benutzte Thoreau später, um in Vorträgen und schließlich in seinem weltberühmt gewordenen Essay über den Zivilen Ungehorsam heftige Anklagen gegen einen Staat zu erheben, der mit repressiver Gewalt gegen jene moralisch aufrechten Bürger vorging, die mit ihren Steuergeldern nicht die Sklaverei oder Eroberungskriege unterstützen wollten. Damit aber wurde für den Literaten Thoreau ein Ereignis zu einem Schlüsselerlebnis, von dem seine Mitbürger, wenn überhaupt, allenfalls spöttisch Notiz genommen hatten.

Im Februar 1847 begann er, Vorträge über seine Erfahrungen als «Einsiedler» vom Walden-See zu halten. Die positive Resonanz ermutigte ihn, sich intensiver der literarischen Verarbeitung seiner Walden-Zeit zu widmen, die er im September beendete. Danach nahm er wieder eine Stelle als Hilfskraft im Emersonschen Haus an. Als ihm dort von Sophia Ford, der Tutorin der Emerson-Kinder, ein Heiratsantrag gemacht wurde, lehnte er dankend ab. In der Zwischenzeit hatten sich vier weitere Verleger geweigert, sein erstes Buch, *Eine Woche auf den Flüssen Concord und Merrimack*, zu publizieren. Auf den mit verstärkten literarischen Ambitionen in die Zivilisation zurückgekehrten «Aussteiger» wirkte dies natürlich deprimierend. So war es ein glücklicher Zufall, daß er den in Harvard lehrenden Schweizer Naturwissenschaftler Louis Agassiz kennenlernte, der sein naturwissenschaftliches Interesse stark stimulierte und

Thoreaus ältere Schwester Helen

ihn mit dem Auftrag, seltene Pflanzen für ihn zu sammeln, von seinen literarischen Mißerfolgen ablenkte. Hierzu trug aber auch der rege Briefwechsel bei, den er nun mit dem Lehrer Harrison G. O. Blake aus Worcester, Mass. begann, der sein erster «Schüler» wurde.

Am 26. Januar 1848 nutzte er erstmals einen Vortrag am Lyceum von Concord, um sich öffentlich über sein Gefängniserlebnis zu äußern. Es ist der Ursprung seines Essays *Widerstand gegen die Staatsgewalt*, der später unter dem postumen Titel *Über den Zivilen Ungehorsam* millionenfach Verbreitung fand. Als im Juli Emerson von seiner Europa-Reise zurückkehrte, die er im Herbst des vergangenen Jahres angetreten hatte, zog

Henry David wieder in das elterliche Haus zurück und half dort bei der Bleistiftproduktion.

Für Thoreau wurde das Jahr 1849 ein Jahr extremer Kontraste. Einerseits fand er endlich einen Verleger für seine *Woche*, wenn auch zu äußerst schlechten Bedingungen. Im Mai wurde sein Essay *Widerstand gegen die Staatsgewalt* in der einzig erschienenen Ausgabe der «Aesthetic Papers» abgedruckt.

Am 14. Juni starb seine ältere Schwester Helen an Tuberkulose. Für Henry David war es die zweite bittere Todeserfahrung im engsten Familienkreis innerhalb weniger Jahre, und sie lähmte ihn für Monate in seinen Aktivitäten. Noch ein zweites Mal wurde er im gleichen Jahr mit den Grauen des Todes konfrontiert, als er bei einem Ausflug ans Cape Cod das Wrack des Immigrantenschiffs «St. John» entdeckte, dessen Strandung niemand überlebt hatte. Auf dem Rückweg wurden er und sein Begleiter Channing von Einheimischen fälschlich verdächtigt, die Bankräuber zu sein, welche vor kurzem die Freeman Bank in Provincetown, Mass. überfallen hatten.

Wahrscheinlich lag es an diesen negativen Erfahrungen, daß das Jahr 1850 literarisch für ihn kaum bedeutsam wurde. In den Tagebüchern offenbarte sich eine depressive Grundhaltung, die durch den Tod Margaret Fullers noch verstärkt wurde, deren Leiche und literarischen Nachlaß er im Auftrag Emersons nach der Schiffskatastrophe bei Fire Island vergeblich zu bergen versuchte.

Neben der Arbeit im väterlichen Betrieb hatte Henry David eine neue Beschäftigung angenommen, die ihm mehr entgegenkam: Er war Landvermesser geworden. Jetzt konnte er der Enge des Hauses entfliehen und in der Natur arbeiten.

Im September unternahm er mit Ellery Channing eine Reise nach Montreal und Québec. Zwar schrieb er seine Erlebnisse in verschiedenen Essays nieder, die nach seinem Tod in dem Buch *Ein Yankee in Kanada* erschienen, jedoch spiegelt schon der Anfangssatz die Enttäuschung über die Reise wider: *Alles, was ich auf meiner Reise nach Kanada bekam, war eine Erkältung.*[17]

1851 gewann ein neues Thema für ihn an Bedeutung: Das Sklavenproblem. Seit 1850 gab es in den USA ein neues, verschärftes Gesetz gegen geflüchtete Sklaven, dessen praktische Auswirkungen Thoreau nun zum erstenmal selbst erlebte. Ein Sklave namens Thomas Sims war geflohen, wurde in Boston gefaßt und dort ins Gefängnis geworfen. Als Abolitionisten (erklärte Gegner der Sklavenhaltung) ihn befreien wollten, wurden sie durch die Miliz davon abgehalten. Sims selbst wurde, von Soldaten eskortiert, auf ein Schiff gebracht und nach Georgia in die Sklaverei zurückgeschickt. Diese menschenverachtende Haltung, die sich sogar noch auf ein Gesetz berufen konnte, erregte Henry David aufs Äußerste. In seinem Tagebuch und in vielen Vorträgen kritisierte er immer aufs Neue die

Margaret Fuller

Zusammenarbeit der Yankees mit den Sklavenhaltern der Südstaaten. Thoreau beschränkte sein Engagement für die abolitionistische Sache nun nicht mehr auf eher symbolische Akte der Empörung, sondern er beteiligte sich in ausdrücklicher Mißachtung der Gesetze an der Organisation der abolitionistischen «Underground Railroad», die schon seit 1838 entlaufenen Sklaven zur Flucht nach Kanada verhalf. So unterstützte er noch in demselben Jahr den entflohenen Sklaven Henry Williams bei der Flucht.

Im Laufe des Jahres hatte er den Eindruck, daß sich sein freundschaftliches Verhältnis zu Emerson wohl irreversibel abgekühlt hatte. Viele Tagebucheintragungen weisen offen oder versteckt darauf hin: *Ach, ich sehne mich nach Dir, mein Freund, aber ich habe kein Vertrauen zu Dir. Wir glauben nicht an denselben Gott.*[18] Diese herbe Erfahrung und die Sehnsucht nach neuer und schöpferischer Kreativität führten zu einem tiefen inneren Wandel, in dessen Folge sich auch sein äußerer Lebensrhythmus änderte: Er zog es von nun an vor, seine ausgedehnten Wanderungen zur Nachtzeit zu unternehmen. Daß sich auch seine Sprechweise änderte, dürfte hingegen wohl schlicht und einfach daran gelegen haben, daß er ein künstliches Gebiß erhalten hatte.

Im Jahre 1852 änderte sich die depressive Grundhaltung kaum, obwohl endlich einige Schilderungen seiner Reise nach Kanada in «Putnam's Magazine» abgedruckt wurden. In seinem Tagebuch stellte er sich die Frage: *Warum bin ich so verändert? Warum habe ich die Wälder verlassen? Ich glaube nicht, daß ich es ausdrücken kann. Oft schon habe ich mich zurückgesehnt.*[19] So traf es ihn um so mehr, als im Anfang des Jahres ein Teil des Forstes um seinen geliebten Walden-See herum abgeholzt wurde. Man zerstörte ihm damit gleichsam ein Stück seiner eigentlichen Heimat. Dazu hielt die Entfremdung gegenüber Emerson unvermindert an. Als er gebeten wurde, für ein Magazin einen längeren Artikel über seinen berühmten Lehrer zu schreiben, konnte er sich nicht dazu durchringen.

Auch 1853 litt er unter Depressionen. Er mied, soweit es ging, die Menschen. Noch verstärkt wurde diese depressive Stimmung, als er Anfang Januar nach einer Explosion einer nahe gelegenen Pulvermühle die verstümmelten und verkohlten Leichen sah. Er schrieb in sein Tagebuch: *Gestern wurde ich Zeuge der menschlichen Nichtigkeit. Sie zeigte sich voll von Tod und Verfall. Sie beleidigte den Geruchssinn. In der Nacht träumte ich davon, selbst zwischen den Gräbern der Toten zu graben, und beschmutzte meine Hände mit ihrem stinkenden Moder. Der Tod ist bei mir, und das Leben ist weit entfernt.*[20]

Auch literarische Mißerfolge trugen weiterhin zu seiner niedergeschlagenen Stimmung bei. Von der *Woche* waren nur 219 Exemplare verkauft und 75 verschenkt worden. 706 wurden ihm nun nebst Rechnung vom Verleger zurückgesandt. Zum Glück waren die finanziellen Konsequenzen nicht existenzgefährdend, weil der väterliche Betrieb wegen der von Henry David entwickelten Verbesserung des Graphits besser florierte als zuvor. Als ihm von einer angesehenen naturwissenschaftlichen Gesellschaft die Mitgliedschaft angetragen wurde, lehnte er mit der Begründung ab, er sei schließlich Transzendentalist und kein Naturwissenschaftler.

Trotz aller bisherigen Mißerfolge auf literarischem Gebiet setzte er viel Hoffnung auf die Veröffentlichung von *Walden*, dessen Manuskript er nun sechsmal überarbeitet hatte und im Frühjahr 1854 endgültig fertigstellte. Im August konnte das Buch, für das er wieder lange nach einem Verleger hatte suchen müssen, in einer Auflage von 2000 Exemplaren erscheinen. Obgleich es keineswegs sogleich den erhofften Absatz hatte, konnte Thoreau die Veröffentlichung dennoch als Erfolg werten, weil das Buch von der Kritik überwiegend wohlwollend aufgenommen wurde. Einen enthusiastischen Brief erhielt er unter anderem von dem Quäker

Thoreau, karikiert von seinem Freund Daniel Ricketson. 1854

Daniel Ricketson aus New Bedford, der sein Schüler und Freund wurde. Thoreaus Hauptaugenmerk richtete sich nun wieder stärker auf den Kampf gegen die Sklaverei. Er hielt mehrere Protestreden und half weiterhin entflohenen Sklaven. Die zentralen Gedanken seiner Reden faßte er später in dem Essay *Sklaverei in Massachusetts* zusammen.

Mit einem neuen Besucher Concords, dem welterfahrenen Engländer Thomas Cholmondeley, unternahm er viele Reisen in die unberührten Naturgebiete seiner engeren und weiteren Heimat. Die Freundschaft, die sich dabei anbahnte, und die langen Aufenthalte in der Natur ließen Henry David wieder etwas aufleben und aktiver werden, so daß er im Dezember in sein Tagebuch notieren konnte: *Der Winter ist angebrochen, ohne daß ich es bemerkt habe. Ich bin so beschäftigt gewesen zu schreiben. Das ist ein Leben, das am stärksten im Sinne der Natur geführt wird. Wie unterscheidet es sich doch von meinem normalen!*[21]

Die innere Genesung schien 1855 zunächst weitere Fortschritte zu machen. Im Januar schrieb er: *Die herrlich weiche, vorfrühlingshafte Luft –*

wie füllt sie meine Adern mit Leben! Das Leben wird wieder glaubwürdig für mich ... Hier ist mein Italien, mein Himmel, mein Neu-England![22] Zu dieser zeitweiligen Besserung seiner psychischen Situation leistete sicherlich auch eine wertwolle Geschenksendung von 44 Bänden übersetzter orientalischer Religionsphilosophie einen Beitrag, die ihm Thomas Cholmondeley geschickt hatte.

Im Frühjahr machten sich jedoch erste Anzeichen eines Aufbruchs der Tuberkulose bemerkbar, die nicht nur die Thoreausche Familienkrankheit, sondern die Hauptplage Neuenglands war. Thoreaus Tagebucheintragungen machen deutlich, daß er sich seines beginnenden körperlichen Verfalls voll bewußt war. Im Juni hatte er an einen Bekannten geschrieben: *Seit zwei oder drei Monaten ... krank und zu nichts nütze als auf meinem Rücken zu liegen.*[23] Erst im Herbst ging es ihm gesundheitlich wieder etwas besser.

Im Januar 1856 gab er in einem Brief an einen Bekannten Auskunft über seine finanziellen Verhältnisse: *In den letzten fünf Jahren habe ich etwas mehr Geld gehabt als in den fünf Jahren davor; denn ich habe Bücher und einige Vorträge verkauft. Dennoch bin ich kein bißchen besser genährt oder gekleidet, gewärmt oder geschützt, noch ein bißchen reicher, – mit der Ausnahme, daß ich etwas weniger Sorge haben mußte um meinen Lebensunterhalt. Vielleicht aber ist dadurch mein Leben nicht mehr so ernsthaft, und zum Ausgleich fühle ich nun, daß es möglich ist zu scheitern ... Das Publikum will keine Bücher oder Vorträge mehr von mir ...*[24]

Körperlich wie geistig wurde es jedoch ein Jahr der Wiedergenesung. Er arbeitete erneut als Landvermesser und unternahm lange Wanderungen. Dank dieser Besserung konnte Thoreau in diesem Jahr auch wieder mehrere Vorträge halten und neue gesellschaftliche Kontakte knüpfen. Dennoch fand er in diesen verstärkten Beziehungen keine Befriedigung. *Ich bin an Gesellschaft genauso wenig interessiert wie eh und je*[25], bekannte er in einem Brief an Cholmondeley.

Im November reiste er mit Alcott nach Brooklyn, wo sie unter anderem den Dichter Walt Whitman besuchten, der gerade erst mit der Veröffentlichung von «Leaves of Grass» Aufsehen erregt und Anstoß erweckt hatte. Wenngleich man sich als Literaten gegenseitigen Respekt bezeugte, kam irgendeine gefühlsmäßige Bindung nicht zustande. Thoreau hielt den Dichter der Demokratie für einen sexuell zügellosen Libertinisten, und Whitman sah den Verfasser von *Walden* als einen Menschenfeind an.

Die ersten Tagebucheintragungen des Jahres 1857 vom 6. und 7. Januar offenbaren einen euphorischen Zustand: *Die Steine sind glücklich, der Concord* (-Fluß) *ist es, und ich bin es auch ... Allein in den Wäldern ... komme ich zu mir selbst ...*[26] Dieses Glück, das allerdings immer wieder mit Gefühlen der Depression abwechselte, fand er kaum noch in der Gesellschaft der Menschen; wieder zog es ihn verstärkt in die Einsamkeit

Walt Whitman

und Stille der Natur, die ihm Heilung von den Krankheiten der Seele versprach.

Wie wenig ihn noch praktische Dinge des alltäglichen Lebens interessierten, geht aus folgender Eintragung hervor: *Immer wieder beglückwünsche ich mich wegen meiner sogenannten Armut. Ich war gestern fast verärgert, in meinem Schreibtisch 30 Dollar zu finden, von denen ich überhaupt nicht wußte, daß ich sie besaß . . .*[27] Im Juni reiste er wieder ans Cape Cod, das ihn immer aufs Neue in seinen Bann zog. Diesmal fuhr er allein, und es sollte sein letzter Besuch am Kap werden.

Seine Gesundheit hatte sich im letzten Jahr noch nicht dramatisch verschlechtert, ja, im Sommer fühlte er sich sogar so gekräftigt, daß er sich in Begleitung seines Freundes Edgar Hoar nach Maine begab, wo sie unter Führung des Indianers Joe Polis ausgedehnte Kanutouren in die Wildnis unternahmen. Es wurde eine beeindruckende Reise, deren Erlebnisse Thoreau in mehreren Essays verarbeitete, die nach seinem Tod zusammen mit einigen früheren Reiseerzählungen unter dem Titel *Die Wälder von Maine* als Buch veröffentlicht wurden.

Zurück in Concord hatte er Gelegenheit, mit John Brown zusammenzutreffen, der einen privaten Guerillakrieg gegen die Sklavenhalter führte – eine Begegnung, die bei Thoreau einen außerordentlichen Eindruck hinterließ.

1858 war Thoreau zwar wieder schriftstellerisch produktiv, konnte aber nur einen einzigen Artikel publizieren, da die Veröffentlichung weiterer Reiseschilderungen an einer Auseinandersetzung mit dem Herausgeber des «Atlantic Monthly», James Russell Lowell, scheiterte. Dieser hatte nämlich ohne Billigung des Autors eine Bemerkung über die Unsterblichkeit einer Weißtanne als «zu pantheistisch» aus dem Manuskript gestrichen.

Gegen Ende des Jahres mußte ihm der Verleger von *Walden* die unangenehme Mitteilung machen, daß wenig Interesse an seinem Buch bestand. So schwanden auch rasch seine ohnehin geringen finanziellen Reserven. Deshalb konnte er einem Spendengesuch der Bibliothek der Harvard University nur mit 5 Dollar entsprechen. Er schrieb dazu: *Ich würde gerne mehr geben, aber das würde meine Einkünfte aus allen Quellen der letzten Monate übersteigen.*[28]

Im Februar 1859 starb sein Vater im Alter von 71 Jahren. Er notierte an diesem Tage: *Durch das Mit-Leiden an dem Tod jedweden Freundes oder nahen Verwandten stirbt ein Teil von uns mit. Jede solche Erfahrung ist eine Bedrohung unserer Lebenskraft.*[29]

Der schwere Verlust wurde ihm etwas erleichtert durch das wieder verbesserte Verhältnis zu Emerson. Nach dem Tod des Vaters war Thoreau nun selbst für die Leitung der kleinen Bleistift- und Graphitmanufaktur verantwortlich. Wegen des zusätzlichen Zeitaufwands mußte er seinen Plan aufgeben, ein umfangreiches Werk über indianische Kulturrelikte zu publizieren, zu dem er bereits elf Manuskriptbände geschrieben hatte.

Anfang Mai begegnete er zum zweitenmal dem Sklavenbefreier John Brown, der von nun an immer stärker in den Mittelpunkt seines Denkens rückte. Brown war nach Massachusetts gekommen, um Spenden für neue Aktionen seiner «Truppe» zu sammeln. Seine flammende Rede gegen die Sklaverei, die er in der Town Hall vor den Bürgern von Concord hielt, war eindrucksvoll inszeniert: Er hatte sogar die Kette mit dem getrockneten Blut eines seiner Söhne mitgebracht, den man zur Strafe für seine Beteiligung an einer illegalen Aktion meilenweit hinter dem Pferd eines Kavalleristen hergeschleift hatte. Browns Aufruf zur Unterstützung seines «heiligen Krieges» verfehlte seine Wirkung nicht. Neben zahlreichen Spenden gewann er auch mehrere neue Mitarbeiter, unter anderem Thoreaus späteren Biographen Frank Sanborn.

Dank dieser massiven Hilfe konnte Brown daran gehen, seinen lang gehegten Plan in die Tat umzusetzen, mit einem Fanal den Anstoß für einen allgemeinen Sklavenaufstand zu geben. Am 16. Oktober 1859 überfiel er mit zwanzig Leuten das US-Waffenarsenal von Harper's Ferry in (West-)Virginia. Wegen der völlig unzulänglichen Vorbereitung und einer taktisch unklugen Durchführung erwies sich das Unternehmen als völliger Fehlschlag. Schon am nächsten Tag eroberten Marinesoldaten das Arsenal zurück und nahmen Browns Leute gefangen, soweit sie nicht schon im Kampf umgekommen waren. Brown selbst wurde des Hochverrats angeklagt und am 2. Dezember in Charleston gehängt.

Thoreau identifizierte sich mit Brown und seiner Sache völlig und verteidigte seinen tragischen Helden in Reden und Aufsätzen. Am 17. November schrieb er in sein Tagebuch: *Ich bin in jüngster Zeit so eingenommen von dem Schicksal, das Hauptmann Brown ereilte, daß ich jedesmal überrascht war, wenn ich entdeckte, daß alles noch mit der alten Routine ablief...* [30] Am Tag von Browns Hinrichtung wollte Thoreau die Glocken von Concord läuten, doch man untersagte ihm dies, weil die Mehrheit der Bürger damals Browns Überfall auf eine Einrichtung des Bundes noch als unentschuldbaren Rechtsbruch verurteilte. Allerdings gelang es Thoreau, zumindest eine Gedenkveranstaltung abzuhalten. Im Dezember verhalf er einem der entkommenen Mitstreiter Browns zur Flucht nach Kanada. Der Tod seines Helden war für Thoreau zwar ein schmerzliches Ereignis, aber es hinterließ weniger tiefe und dauerhafte Spuren als frühere Todesfälle.

Im Juli 1860 wurde sein Vortrag *Die letzten Tage des John Brown* als Essay in der abolitionistischen Zeitschrift «The Liberator» veröffentlicht. Eine einzige längere Reise unternahm er in diesem Jahr: Sie führte ihn mit Ellery Channing zum Mt. Monadnock. An der Politik nahm Thoreau seit dem Tode Browns praktisch kaum noch Anteil, auch nicht an der schicksalhaften Präsidentenwahl, die Abraham Lincoln ins höchste Staatsamt brachte. Um so mehr interessierten ihn nun das Wachstum und die natürliche Erbfolge der Waldbäume. Seine Forschungen brachten interessante Ergebnisse zutage, die er unter dem Titel *Die Artenfolge der Waldbäume* veröffentlichte. Dieser Essay gilt als Thoreaus naturwissenschaftlich bedeutendste Publikation.

Als im April 1861 der Bürgerkrieg ausbrach, versuchte Thoreau, die Kriegsereignisse soweit wie möglich zu ignorieren. Das hing sicherlich auch mit seinem eigenen schlechten Gesundheitszustand zusammen. Eine Reise nach Minnesota, wo er sich wegen des kontinentalen Klimas Heilung seiner kranken Lunge erhoffte, bewirkte durch die Strapazen nur noch eine Verschlechterung seines Gesundheitszustandes. Dies zeigte sich deutlich an den immer spärlicher werdenden Tagebucheintragungen, die dann schließlich nach dem 3. November ganz aufhörten. Mit Hilfe seiner Schwester konnte er aber noch mehrere Vorträge für die Veröffentlichung als Essays redigieren.

Anfang 1862 wurde es allen Freunden und Bekannten Thoreaus klar, daß sein Ende nahte. Am 7. Januar schrieb Bronson Alcott an Daniel Ricketson: «Er [Thoreau] wird von Tag zu Tag schwächer ... Er schläft bisweilen ein, hat aber einen ziemlich guten Appetit, liest mit Unterbrechungen, macht sich davon Notizen, und es gefällt ihm, seine Freunde zu sehen. Sich zu unterhalten, fällt ihm jedoch schwer, da auch seine Stimme von der allgemeinen Schwäche erfaßt worden ist.»[31]

Als eine frömmelnde Tante ihn in seinen letzten Tagen fragte, ob er nicht endlich Frieden mit Gott schließen – sprich: wieder in die Kirche eintreten – wolle, antwortete er ihr: *Ich wüßte nicht, daß wir jemals Streit miteinander gehabt hätten.*[32] Eine ähnliche Abfuhr erhielt der Quäker Parker Pillsbury, als er es bei seinem Besuch für angemessen hielt, die Anwesenden aufzufordern, in der Nähe des Todes nicht mehr über diesseitige Dinge zu sprechen. Mit den knappen Worten *Immer eine Welt nach der anderen!*[33] machte ihm Thoreau einen Strich durch die Rechnung. Er ließ aber nicht nur keine Bigotterie aufkommen, sondern auch keinen Trübsinn, und gerade das war es, was seine Besucher so in Erstaunen setzte. So heißt es bei Channing: «Er ermunterte und tröstete diejenigen sehr, deren Stärke geringer war.»[34]

Am 6. Mai 1862 starb Henry David Thoreau im Alter von 44 Jahren. Seine letzten Worte waren *Elch* und *Indianer*.

Um 3 Uhr nachmittags wurde am 9. Mai in der First Parish Church von Concord der Trauergottesdienst gehalten. Emerson hielt die Trauerrede. Zum Begräbnis bekam die Jugend Concords schulfrei. In Emersons Gedenkrede fand sich der Satz: «Das Land weiß noch nicht, oder erst zum geringsten Teil, welch großen Sohn es verloren hat.»[35]

Thoreaus Gebeine ruhen nahe den Gräbern von Emerson, Alcott, Channing und Hawthorne auf dem malerischen Sleepy Hollow Cemetery seiner Heimatstadt Concord.

Thoreaus Grab auf dem Friedhof von Concord

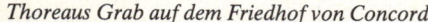

Natur als Hoffnung der Menschheit: Thoreau, der mystische Naturdichter und Wegbereiter des Umweltschutzes

Als William Ellery Channing im Jahre 1873 die erste Biographie über Henry David Thoreau unter dem Titel «Thoreau: The Poet-Naturalist» veröffentlichte, prägte er mit dieser Formulierung für fast ein Jahrhundert das öffentliche Image seines Freundes als eines schriftstellerisch begabten naturkundlichen Amateurs. Die besonderen Voraussetzungen des transzendentalistischen Naturverständnisses, welche der Channingschen Charakterisierung seines Freundes als «naturalist» zugrunde lagen, wurden von der breiteren Leserschaft jedoch übersehen bzw. schnell vergessen, so daß von Channings literarischer Einordnung nur das Zerrbild eines dichtenden Naturfreundes bestehen blieb, dessen Werke vermeintlich der Erbauung des neuenglischen Städters dienen sollten, der sich hierdurch auf bequeme Weise die Naturromantik als Ersatzbefriedigung in die gute Stube holen konnte.

Mit der Vielschichtigkeit des literarischen Werks Henry David Thoreaus hatte dieses von seinen ersten Verlegern produzierte Image nur die Tatsache gemein, daß sich der *selbsternannte Inspektor der Schnee- und Regenstürme*[36] in seinen Schriften dem Umfang nach tatsächlich am meisten der Natur gewidmet hatte und auch insoweit mit Recht als Heimatdichter bezeichnet werden konnte, als er den größten Teil seines Lebens in Concord verbracht hatte und auf seinen Reisen über Québec und Minnesota nicht hinausgelangt war.

Aber allein schon ein merkwürdiger Begriff, welcher Thoreau zur Charakterisierung seiner Tätigkeit literarischer Beschreibung der heimatlichen Natur diente, hätte darauf aufmerksam machen müssen, daß es diesem Autor um etwas ganz anderes als um Heimatdichtung im konventionellen Sinne ging: *home cosmography* betreibe er, sagte Thoreau von sich selbst. Um die Wunder der Natur zu entdecken, brauche man keine Expeditionen in unerforschte Gegenden der Erde zu unternehmen, sondern könne sich mit der Hinwendung an die Fauna und Flora der eigenen Heimat begnügen – nicht weil dies bequemer und billiger sei, sondern weil das unermeßliche Wunder des ganzen Kosmos in der geringsten Naturerscheinung präsent und erfahrbar sei.

Thoreaus eigenartig anmutender Anspruch, in den Wäldern Concords nicht Heimatkunde, sondern Kosmologie zu betreiben, nicht Heimatdichtung, sondern zeitlos gültige Weltliteratur zu schaffen, wird erst durch eine Berücksichtigung des besonderen Naturverständnisses des Neuengland-Transzendentalismus voll verständlich, der die Weltanschauung des Dichters ja entscheidend geprägt hatte. Die Natur, so hatte sein Lehrmeister Emerson in dem wegweisenden Essay «Natur» verkündet, war weit mehr als nur eine Welt materieller Erscheinungen: Sie war in erster Linie die «sprachliche» Offenbarung des immateriellen Seinsgrundes, der Allseele («Oversoul»). Diese Auffassung hatte Emerson vor allem unter dem Einfluß der sogenannten Korrespondenzlehre Emanuel Swedenborgs entwickelt, wonach jedes Naturphänomen symbolisch eine exakt bestimmbare spirituelle Botschaft verkündet. Weil sich, theologisch gesprochen, nach transzendentalistischer Überzeugung in der Natur Gott selbst immer wieder neu offenbart, wird die Erforschung der Natur zur Entdeckung des göttlichen Urgrundes und – da jede menschliche Seele ein Teil der Allseele ist – zugleich zur Erkundung des geistigen Wesenskerns des Menschen. Daher hatte Emerson die These vertreten: «Die alte Aufforderung ‹Erkenne dich selbst!› und die moderne Aufforderung ‹Erforsche die Natur!› konvergieren letztlich zu derselben Maxime.»[37]

Eine der literarisch dichtesten Passagen, in denen Thoreaus ungewöhnliche Art der Naturschilderung zum Ausdruck kommt, findet sich in einem Abschnitt von *Walden*, in welchem der Autor einen eher banalen Vorgang beschreibt: Unter der Einwirkung der Frühlingssonne taut der Frostboden des Bahndamms auf, und der zerfließende Lehm bildet einen lavaähnlichen Strom, der sich in blattartige Formen ergießt. Diesem Phänomen steht der Autor nicht mit der analysierenden Haltung des Amateurgeologen gegenüber, sondern kontemplativ, und dadurch gewinnt er aus der naturkundlichen Beobachtung Einsichten, die über die naturwissenschaftliche Ebene hinausweisen: *Die Erde ist kein bloßes Fragment toter Geschichte, Schicht auf Schicht gelagert wie die Blätter eines Buches, das in erster Linie von Geologen und Historikern zu studieren ist, sondern lebendige Dichtung wie die Blätter eines Baumes, die den Blüten und Früchten vorauseilen. Es ist keine fossile, sondern lebendige Erde. Im Vergleich zu ihrem großartigen, den Mittelpunkt bildenden Leben erscheint alles tierische und pflanzliche Leben als bloßes Schmarotzertum.*[38]

Ein scheinbar banaler Naturvorgang wird hier in den Augen Thoreaus transparent für das grandiose Schauspiel der Schöpfung, für die Geburt der Form aus dem Formlosen, der Ordnung aus dem Chaos, des Organischen aus dem Anorganischen. In Thoreaus Beschreibung zeigt sich zugleich die Absage an die distanziert beobachtende, zwischen Subjekt und Objekt trennende Position des Naturwissenschaftlers zugunsten der teilnehmenden Haltung dessen, der in der Naturerkenntnis sich selbst erkennt, weil er sich selbst als eingebunden in eine Materie und Geist, Pflanzen, Tiere und Menschen umgreifende Einheit des Kosmos erfahren hat: *Der Lehm im Hohlweg schmilzt und fließt, in der Sonne glänzend,*

William Ellery Channing

herab. Ich bin es, der da taut ...[39] Die Natur hatte sich als «Sprache» erwiesen, in der sich eine höhere Wirklichkeit offenbart.

Während Thoreaus Zeitgenossen im Reichtum der Natur in erster Linie die scheinbar unerschöpflichen Ressourcen sahen, die es zur eigenen Bereicherung auszubeuten galt, und während die zum Siegeszug angetretenen Naturwissenschaftler in der Natur vor allem ein Mittel zur Gewinnung jener technisch verwertbaren Erkenntnisse erblickten, die einer zivilisatorischen «Verbesserung» der Natur dienen sollten, schlug Thoreau den Yankees vor, die äußere Natur doch eher als einen Weg zur Wiederentdeckung der wahren inneren Natur des Menschen anzusehen, wobei er freilich allzu optimistisch voraussetzte, daß seine Zeitgenossen auch bereit waren, sich einzugestehen, daß sie im Verlauf ihres rastlosen, habgierigen Strebens nach Wohlstand ihr eigentliches Selbst verloren hatten. «In den Wäldern», so hatte schon Thoreaus Lehrer Emerson formuliert, «kehren wir zu Vernunft und gläubigem Vertrauen zurück.»[40] Auch Thoreau war der Auffassung, daß sich dem Menschen in der unberührten, «wilden» Natur jene Vernunft und Güte offenbare, die dieser in seiner

37

Der Gipfel des Mt. Ktaadn

bedingungslosen Auslieferung an den zivilisatorischen Prozeß und an
dessen Verkürzung der Vernunft auf den berechnenden Verstand verloren hat. Die unberührte Natur konnte der Menschheit den Weg zurück zu
einer unverfälschten, der Menschennatur gemäßen Lebensweise, zu
einem *natürlichen Leben, das der Wein umrankt und dem die Ulme
willig Schatten spendet*[41], weisen.

In der unberührten Natur wurde der Mensch mit jener ursprünglichen
Vitalität gestärkt, die er nicht nur im physischen Sinne zum Überleben
seiner Art benötigte, sondern auch in einem tieferen, psychisch-spirituel-
len Sinne zur Wahrung seiner Menschenwürde: *Das Leben steht im
Einklang mit der Wildnis. Das Lebendigste ist das Wildeste. Solange die
Wildnis dem Menschen noch nicht unterworfen ist, belebt sie ihn mit ihrer
Gegenwart.*[42] Diese Re-Vitalisierung war jedoch nicht dadurch zu gewinnen, daß man der Goldadern Kaliforniens wegen in den Westen zog; die
Erfüllung, nach welcher der entfremdete Mensch letztlich suchte, war
allein durch die Wiederentdeckung seiner vom zivilisatorischen Schutt
künstlicher Bedürfnisse überlagerten natürlichen Vernunft zu erlangen,
durch die Erforschung jener *unbegangenen Wildnis, die sich durch so
manches Carolina und Mexiko der Seele erstreckt*[43], und die sich in der
vom Menschen noch nicht zerstörten Ordnung der Natur widerspiegelt:

38

Der Westen, von dem ich spreche, ist nur ein anderes Wort für das Wilde, und was ich mich bislang zu sagen bemüht habe, ist dies: in der Wildnis liegt die Erhaltung der Welt.[44] Daß mit dem World Wildlife Fund später eine um Erhalt der wilden Natur bemühte Organisation seine Worte *In wildness is the preservation of the world* zu ihrem Motto wählte, hätte Thoreau sicherlich gefreut – er hätte allerdings wohl auch deutlich gemacht, daß für ihn der Naturschutz kein Selbstzweck war, sondern vor allem ein Mittel zu einer heilsamen «Selbstverwilderung» des zivilisationsgeschädigten Menschen: *Wachse wild heran, wie es Deiner Natur gemäß ist ...*[45] Nicht um die literarische Konservierung einer vom technischen Fortschritt bedrohten Idylle ging es ihm in seinen Naturschilderungen, sondern vielmehr darum, die eigene Erfahrung geistiger Erneuerung in der Begegnung mit der Natur als ein zur Nachahmung aufforderndes Beispiel vermittelbar zu machen.

Thoreau hatte allerdings selbst erfahren müssen, daß das Eindringen in das Dickicht der Seele und die Wiederentdeckung der «Wildnis» des Innern, das heißt der dem Verstande verschlossenen Tiefenschichten des Selbst, durch die Begegnung mit der unberührten Natur, ein gefährlicheres Abenteuer war, als er geglaubt hatte. Vor allem auf Expeditionen in die Urwälder des Staates Maine versuchte er immer wieder, das unverfälschte Gesicht der wilden, vom Menschen noch nicht eroberten Natur zu entdecken. Hier aber mußte er erkennen, daß die unberührte Natur keineswegs nur der hilfreiche Partner des Menschen bei seinem Bemühen um Selbstverwirklichung war, sondern gleichermaßen eine im doppelten Sinne un-menschliche Macht. Die Wildnis, die er 1846 in Maine bei der Besteigung des Mt. Ktaadn erlebte, war in keiner Weise mehr jener Emersonschen Natur ähnlich, in deren Gegenwart man Vernunft und gläubiges Vertrauen zurückgewann; unmißverständlich geht dies aus Thoreaus Schilderung seiner Eindrücke von der Gipfelregion hervor: *Es war Materie, gewaltig, furchtbar – nicht die Mutter Erde, von der wir Kunde haben, nicht für ihn geschaffen, darauf zu schreiten oder darin begraben zu werden, – dies war der Wohnort von Schicksal und Notwendigkeit.*[46] Nicht die von den Transzendentalisten gefeierte Geborgenheit des Menschen in einem alles umgreifenden, sinnvoll und moralisch geordneten Kosmos erlebte Thoreau hier, sondern die metaphysische Einsamkeit des einzig mit Bewußtsein ausgestatteten Lebewesens Mensch in einer ansonsten Geist-losen Welt, mit der nur noch sein Körper verwandt war. Aber diese Verwandtschaft vermochte kein Heimatgefühl zu vermitteln; im Gegenteil, sie ließ ein fundamentales Entfremdungsgefühl entstehen, welches aus der Erkenntnis resultierte, daß der menschliche Geist, der Wesenskern des Menschen, in das Gefängnis der Materie eingepfercht war, so wie die Götter einst den Körper des Prometheus an die Felsen geschmiedet hatten, damit er nicht noch einmal versuche, sie zu entthronen. In der nackten, Geist-losen Materie, die in Gestalt des Körpers auch die Fessel des menschlichen Geistes bildete, glaubte Thoreau den *wahren Ursprung des Bösen*[47] entdeckt zu haben. Diese Art von Natur war dem zivilisationsgeschädigten Menschen nicht mehr als Heil zu empfehlen, sondern ihr gegenüber konnte es nur die Maxime geben: *Die Natur ist schwer zu überwinden, aber sie muß überwunden werden.*[48]

Eine solche Naturerfahrung stand jedoch dem Puritanismus mit seiner Körperfeindlichkeit, seinem radikalen Körper–Geist-Gegensatz und seiner Vorstellung von einem unergründlichen Gott wesentlich näher als der transzendentalistischen Naturauffassung, welche immer die Einheit von Geist und Materie betont hatte und in der Natur die sprachliche Offenbarung der Allseele erblickte, die Natur also als gestaltgewordene göttliche Güte begriff. Dieses transzendentalistische Naturverständnis hatte Thoreau bezeichnenderweise einst anläßlich eines vergleichbaren Anlasses, nämlich der Besteigung des Saddleback Mountain, artikuliert. Über den Tagesanbruch auf dem Saddleback-Gipfel heißt es: *Als die Helligkeit zunahm, bemerkte ich um mich herum einen Ozean aus Dunst, der zufällig exakt an den Fuß des Aussichtsturms heranreichte und jegliche Spur der Erde verbarg, während ich auf diesem Fragment des Erdenwracks, auf meiner geschnitzten Planke schweben blieb, im Wolkenlande; eine Situation, die auch ohne Zuhilfenahme der Phantasie eindrucksvoll war. Als das Licht im Osten stetig heller wurde, enthüllte es mir deutlicher die neue Welt, zu der ich in der Nacht aufgestiegen war, – möglicherweise die neue terra firma meines künftigen Lebens. Nicht eine einzige Spalte gab es mehr, durch welche man jene trivialen Orte, die wir Massachusetts oder Vermont nennen, hätte sehen können . . .*[49] Daß hierbei die Beschreibung der Wirkung des Naturschauspiels für den Autor wesentlich wichtiger ist als die Schilderung des Naturvorgangs selbst, kommt in der nachfolgenden Passage noch deutlicher zum Ausdruck: *Es war ein Gunsterweis, diesen Anblick, diese Vision geboten zu bekommen; für immer sollte man darob verstummen. Die Erde drunten war ein solch flüchtiges Ding aus Lichtern und Schatten geworden, wie es vorher die Wolken gewesen waren. Die Erde war mir nicht bloß verhüllt worden, sondern sie war wie ein Schatten vergangen . . .*[50]

Die hier geschilderte Wirkung der Begegnung von Mensch und Natur ist die einer totalen Umkehr des Realitätsbildes des Beobachters. Das neue, radikal entgegengesetzte Bild der Wirklichkeit wurde nicht etwa durch eine naturwissenschaftliche Analyse der Naturerscheinung gewonnen, sondern auf dem Wege von Intuition und Inspiration: Es ist nicht das Resultat von exakter Beobachtung und analysierender Verstandesarbeit, sondern das Produkt unerwarteter Bewußtwerdung. Der Wandel des Realitätsbildes geht einher mit einem unbeschreiblichen Gefühl der Erhabenheit, überströmender Freude und der Gewißheit, ungeahnt tiefer und gänzlich neuer Einsichten teilhaftig geworden zu sein. Die Begegnung mit der Natur hat zur Wiederentdeckung der ursprünglichen Einheit von Gutem und Schönem und hierdurch zur Korrektur zivilisatorisch verfälschter Wertmaßstäbe geführt; die Natur, welcher der Autor auf dem Saddleback Mountain begegnete, war tatsächlich ganz im Sinne der transzendentalistischen Bestimmung als Inbegriff des Guten erfahren worden, oder, wie Thoreau es in einem seiner Briefe ausdrückte, als *kristallisierte Güte*[51]. Die Begegnung mit ihr half dem Menschen, seine durch den fehlgeleiteten Zivilisationsprozeß verlorene Vollstatur wiederzufinden und so, einer Art höherem Instinkt folgend, wieder im Einklang mit jener vollkommenen Ordnung zu leben, die sich in der Natur offenbarte. Die Natur war für die Transzendentalisten eine heilende Kraft, ja ein erlösendes Sakrament.

Der aufgezeigte Kontrast zu Thoreaus Naturbeschreibungen ist keineswegs ein ausnahmsweises Abweichen von einer ansonsten einheitlichen Naturauffassung, vielmehr lassen sich in Thoreaus Schriften zahllose konträre Aussagen über die Natur aufweisen. Allerdings läßt sich eine Dominanz der einen oder anderen Natursicht in einer bestimmten Lebensphase des Autors konstatieren: Vor allem in den Frühschriften Thoreaus dominiert die positive, transzendentalistische Sicht der Natur, und zu ihr kehrt er auch kurz vor seinem Tode wieder zurück; in der Zwischenphase, vor allem in den fünfziger Jahren, tritt die negative Naturauffassung stärker in den Vordergrund, doch kommt es auch hier immer wieder zu momentanen Durchbrüchen der positiven Sichtweise.

Die Ambivalenz der Thoreauschen Naturauffassung zeigt sich besonders deutlich in seiner Einstellung zu den Indianern, die er als die Naturmenschen par excellence ansah. Seinem positiven Naturbegriff folgend, idealisierte er insbesondere in seinen jungen Jahren den Indianer als Prototyp des Vollmenschen, den der zivilisatorisch korrumpierte Yankee zum Vorbild der Lebensorientierung wählen sollte, um zu einem unverfälschten menschlichen Leben im Einklang mit der Natur zurückzufinden. In dieser Idolfunktion des Indianers gründete Thoreaus außerordentliches Interesse an den Sitten und Gebräuchen der Indianer. Je mehr er aber Einblick in die tatsächliche Lebenweise erhielt, desto stärker wurde sein Idealbild erschüttert: Die Roheit der Indianer, insbesondere ihre Brutalität im Umgang mit der Tierwelt, schockierten ihn zutiefst. Auch hier begegnete er einer Natur, die nicht ausschließlich positiv, sondern zugleich auch negativ war. So gelangte er immer mehr zu der Auffassung, daß die Natürlichkeit der Indianer noch von einer unreifen, eher tierisch-instinkthaften Qualität war, primitiv statt ursprünglich, bar jeder durchgeistigten Kultur im positiven Sinne. Als Vorbild für die vom zivilisationsgeschädigten Weißen zu erstrebende Synthese von Natur und Kultur konnten die Indianer daher nicht mehr fungieren, wenngleich sie für Thoreau ihre Faszination auch weiterhin behielten.

Der eindeutig positive Naturbegriff der Frühschriften hatte zur Folge gehabt, daß Thoreau zunächst ähnlich wie schon Rousseau von einem unversöhnlichen Gegensatz zwischen Natur und Zivilisation ausging. In *Eine Naturgeschichte von Massachusetts* hatte er 1842 diese Überzeugung in dem Satz zusammengefaßt: *Nicht in der Gesellschaft wirst Du das Heil finden, sondern in der Natur.*[52] In den zivilisatorischen Errungenschaften, insbesondere in der Verbindung der schrankenlosen Dynamik des kapitalistischen Wirtschaftssystems mit einer technisch-industriellen Revolution sah er das Herannahen eines «Sieges» des Menschen über die Natur, der seiner Einschätzung nach letztlich nur ein Pyrrhussieg sein konnte, weil er mit der Zerstörung der Lebensgrundlagen des Menschen erkauft wurde. Thoreau meinte damit nicht nur die Ausplünderung und physische Vernichtung der natürlichen Ressourcen, sondern auf Grund seines transzendentalistischen Naturverständnisses war Umweltzerstörung auch immer eine Freveltat gegen die göttliche Ordnung, wodurch der Mensch der Möglichkeit geistig-moralischer Selbstentfaltung beraubt wurde.

Thoreau beließ es jedoch nicht beim bloßen Lamento, sondern wurde mit der Einbringung konkreter ökologischer Forderungen und Vorschläge zu einem Pionier des Umweltschutzes. So forderte er die strafrechtliche Ahndung von Umweltfrevlern und schlug unter anderem vor, jede amerikanische Gemeinde solle ein Stück ihres Areals als Naturschutzgebiet ausweisen und hier keinerlei Kultivierungsarbeiten erlauben. Dem Naturschutz in Amerika maß er dabei eine menschheitsgeschichtliche Bedeutung bei: *Amerika ist heute die Wölfin, und die Kinder des ausgelaugten Europas, auf Amerikas unbewohnten und wilden Gestaden ausgesetzt, sind Romulus und Remus, die, nachdem sie neues Leben und neue Kraft aus ihren Zitzen gesogen haben, im Westen ein neues Rom gründeten.*[53]

Weil die Warnungen vor einer Zerstörung der Natur jedoch in einer Zeit erhoben wurden, in der das Leben der meisten Amerikaner noch vom Kampf des Menschen gegen die Naturgewalten geprägt wurde und in der die Industrie – welche jetzt erstmals den Traum des Menschen von der Herrschaft über die Natur realisierbar erscheinen ließ – in Amerika noch wie eine Stecknadel im Heuhaufen gesucht werden mußte, erlitt Thoreau das Schicksal all jener Propheten, die ihrer Zeit allzu weit voraus waren. Hinzu kam natürlich, daß er als fahrlässiger Brandstifter nicht gerade in einer überzeugenden moralischen Position war, seinen Mitbürgern Naturschutz zu predigen. Seine Zeitgenossen erkannten nicht, daß Thoreaus Kritik keine Zustandsbeschreibung sein sollte, sondern eine prophetische Mahnung vor den gefährlichen Weichenstellungen, die damals gerade vollzogen wurden.

Die ökologische Kritik des frühen Thoreau zeichnete sich nicht allein durch ihre prophetische Weitsichtigkeit aus, sondern vor allem durch ihre analytische Tiefe. Im Unterschied vermutlich auch zur Mehrzahl der heute doch ökologisch unvergleichlich informierteren Umweltschützer beschränkte sich Thoreau nicht auf eine kritische Beschreibung der ökologischen Mißstände oder auf deren naturwissenschaftliche Ursachenanalyse, noch lieferte er auf der rein ökologischen Ebene angesiedelte Lösungsvorschläge, sondern er bemühte sich, zu den tieferen Ursachen der Mißstände vorzudringen und Gegenmaßnahmen vorzuschlagen, die bei den Wurzeln des Übels ansetzten. Vom Menschen verursachte Naturzerstörung, so lautete seine Analyse, konnte nicht mit rein ökologischen Mitteln behoben werden: Ein derartig eng verstandener Naturschutz würde auf Dauer den Kampf mit der Hydra menschlichen Zerstörungswillens nicht gewinnen können. Dem zentralen Ansatz der transzendentalistischen Philosophie folgend, wonach die Außenwelt nur das Spiegelbild des Innern ist, lenkte Thoreau den Blick auf die psychischen Defekte des Menschen, die einen zerstörerischen Umgang mit der Natur erst möglich gemacht hatten. Nicht diese oder jene schädliche Agrartechnik war die eigentliche Ursache der Zerstörung des ökologischen Gleichgewichts auf den Feldern von Concord, sondern die hemmungslose Profitgier der Großfarmer, die jenes Augenmaß und Verantwortungsgefühl verloren hatten, das die nur für die Selbstversorgung wirtschaftenden Kleinbauern in der Regel beim Anbau an den Tag legten; erst die Habgier hatte die Großfarmer auf Raubbaumethoden zurückgreifen lassen, durch die kurzfristig der Ertrag vermarktbarer Produkte gesteigert werden konnte: *Auf Grund von Geiz und Selbstsucht und einer kriecherischen Haltung – wovon niemand von uns frei ist –, die den*

Ausbeutung der Natur heute: Kupfermine in New Mexico

Boden als Eigentum oder als bloßes Mittel zur Bereicherung ansieht, ist die Landschaft entstellt, die Landwirtschaft bei uns entwürdigt, und der Farmer führt das gemeinste Leben. Er betrachtet die Natur nur noch mit den Augen eines Räubers.[54]

Hier, bei den moralisch-charakterlichen Fehlern, zu denen die menschliche Natur nun einmal neigte und deren Ausfluß nicht zuletzt auch die Mißstände in der Umweltsituation waren, mußte angesetzt werden. Eine auf Dauer erfolgreiche Umweltpolitik konnte nicht ohne eine erfolgreiche Ökologie des Innern durchgesetzt werden. Ökologisch-technische und umweltschutzrechtliche Maßnahmen allein würden immer bei einer nur vorübergehend wirksamen Behandlung der Symptome stehenbleiben.

Bei einer Ökologie des Innern anzusetzen, bedeutete für Thoreau vor allem, eine Umkehrung jener verkehrten Wertordnung zu erreichen, welche die Umweltzerstörung zu einem lobenswerten Unternehmen gemacht hatte. Er selbst war von dieser verkehrten Wertordnung berührt worden: *Wenn ein Mann täglich einen halben Tag aus Naturliebe durch die Wälder wandert, läuft er Gefahr, ein Taugenichts genannt zu werden; wenn er dort aber den ganzen Tag als Spekulant zubringt, der diese Wälder abholzt und die Erde vorzeitig kahl macht, so wird er als fleißiger Bürger mit Unternehmergeist eingeschätzt.*[55] Solange der Wert der Natur nur an der Elle des Profits gemessen wurde, würden ökologische Maßnahmen immer im Sande verlaufen. Als Gegenbild des hemmungslos profitorientierten Farmers, der mit seinem Raubbau langfristig die Natur zerstörte, präsentierte Thoreau seinen Lesern den Künstler: Hier war ein Mensch, der es verstand, von der Natur – nämlich von ihrer inspirativen Wirkung – zu profitieren, ohne sie gleichzeitig zu zerstören.

Die beim jungen Thoreau vorherrschende Entgegensetzung von Natur und Zivilisation wich später einer ambivalenteren Einstellung beiden gegenüber: So, wie Thoreau die Natur nun nicht mehr einfach als Kristallisation des Guten idealisierte, gab er auch seine pauschale Verdammung der industriell-kapitalistischen Zivilisation auf und gelangte zu einer differenzierteren Bewertung. Dies lag zum einen daran, daß er selbst die Vorteile des technischen Fortschritts erfuhr – dank der Boston–Fitchburg-Eisenbahn konnte er zum Beispiel häufiger die Universitätsbibliothek von Harvard besuchen – und daß er sich durchaus nicht der Einsicht verschloß, der technische Fortschritt könne bis zu einem gewissen Grade auch in kultivierender Weise der Menschheit nutzbar gemacht werden. Zum Schlüsselerlebnis war hierbei die «Windharfe» geworden – so nannte Thoreau die neue Telegrafenleitung längs des Bahndamms, seit ihr Summen ihn 1851 in einen Trance-Zustand versetzt hatte, wie er zuvor nur von Naturerscheinungen ausgelöst worden war. Vor allem wurde ihm aber auch immer mehr bewußt, daß nicht Technik und Industrie an sich schlecht (oder gut) waren, sondern vielmehr die Art und Weise, in der sie vom Menschen eingesetzt wurden: Sie konnten der schnelleren Verwirklichung lobenswerter wie verwerflicher Ziele dienen.

Naturwissenschaftliche Beobachtungen und forstwirtschaftliche Überlegungen ließen Thoreau schließlich in seiner naturwissenschaftlich bedeutendsten Arbeit *Die Artenfolge der Waldbäume* (1860) zu der Auffassung gelangen, daß Ökologie und Ökonomie durchaus miteinander zu versöhnen seien, wobei Ökonomie dann allerdings nicht länger Profitmaximierung bedeuten durfte und Ökologie nicht mehr für radikalen Verzicht auf jeglichen Eingriff des Menschen in die Natur stehen konnte. Nur unter der Voraussetzung einer gegenseitig rücksichtsvollen, friedlichen Partnerschaft war die erstrebte *Zivilisation, die mit der Wildnis im Einklang steht*[56], zu verwirklichen.

Thoreaus zwiespältiges Verhältnis zur Natur prägte auch seine Haltung zur Naturwissenschaft. Einerseits war er ein geborenes naturwissenschaftliches Amateurgenie, dessen profunde Kenntnis der neuenglischen Fauna und Flora die Bewunderung von so bedeutenden Harvarder Gelehrten wie Agassiz und Audubon fand und den die Naturwissenschaftliche Gesellschaft gern als Mitglied in ihren Reihen begrüßt hätte. Andererseits warnte er immer wieder von einer undifferenzierten Verherrlichung der Naturwissenschaften, vor einer kritiklosen Anwendung ihrer Verfahren und einer voreiligen Übertragung auf andere Gegenstandsbereiche.

Thoreau trat vor allem der Auffassung entgegen, der im technischen Fortschritt offenkundig gewordene Erfolg der Naturwissenschaft mache jegliche Forschungsethik überflüssig, bzw. der bisher erzielte Erfolg

Thoreaus Zeicheninstrumente

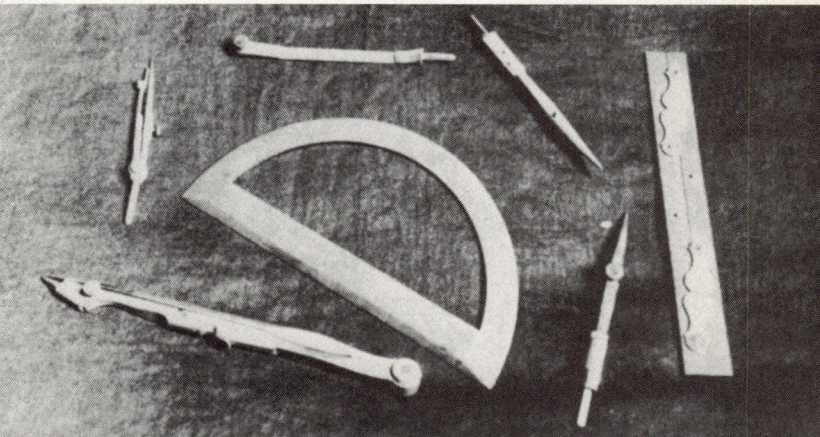

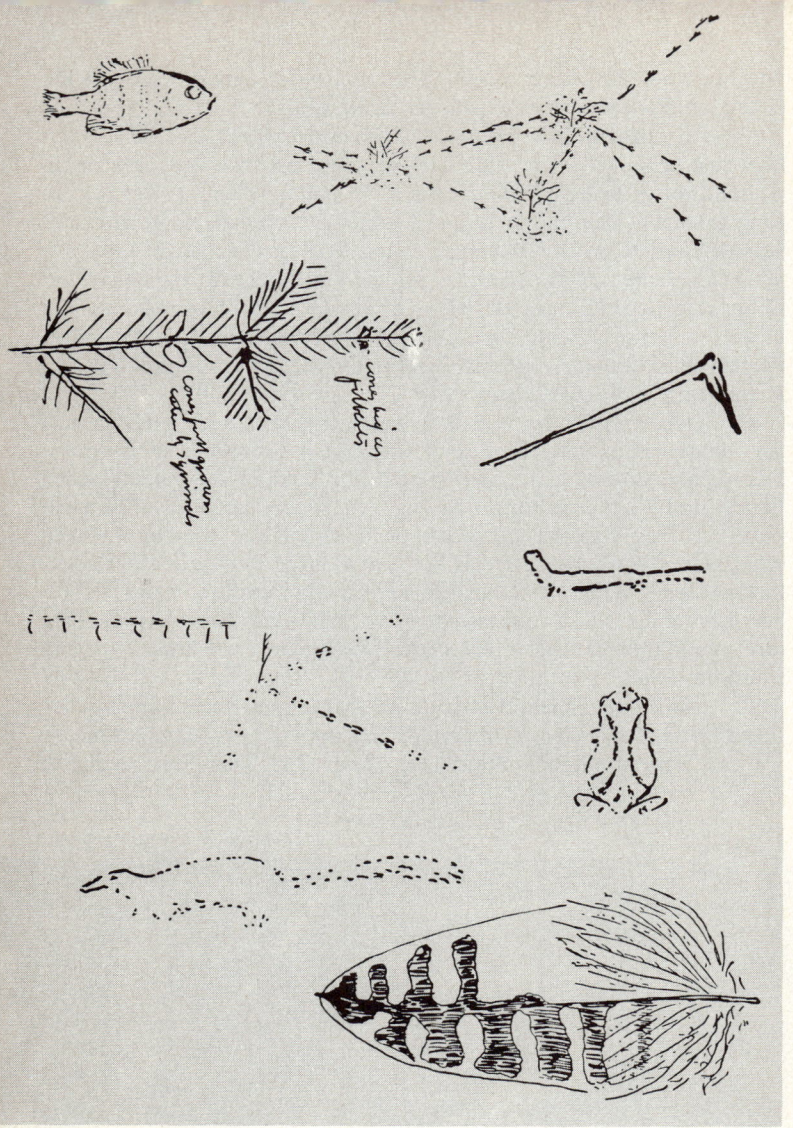

Natur-Skizzen von Thoreau

rechtfertige eine bedenkenlose Anwendung naturwissenschaftlicher Forschungsmethoden. Wenn man die nachfolgende Äußerung Thoreaus aus dem Jahre 1854 liest, wirken die heutigen Proteste gegen Tierversuche nicht gerade avantgardistisch: *Die Inhumanität der Naturwissenschaft beunruhigt mich, – so etwa wenn ich in Versuchung gerate, eine seltene Schlange zu töten, nur um ihre species zu bestimmen. Ich bin der Auffassung, daß dies nicht der Weg ist, wahres Wissen zu erlangen.*[57] Auch noch aus einem anderen Grund erlaubte es sich Thoreau, ketzerische Zweifel an dem immer mehr zum Dogma erhobenen Glauben anzumelden, die exakten Wissenschaften vermöchten den Königsweg zum wahren Wissen zu weisen: Mathematik und Naturwissenschaften hatten ihren Siegeszug auf Grund ihrer Anwendungserfolge in der Technik antreten können – Thoreau aber hielt ein Wissen um die richtigen Ziele des Lebens für unvergleichlich wichtiger als alles instrumentelle Wissen; zur Zielbestimmung hatten die mathematisierenden Verfahren jedoch keinen Beitrag zu leisten vermocht. Dieses für den Menschen als geistbegabtes und moralisches Lebewesen so zentrale Ziel- und Wert-Wissen mußte auf anderem Wege gewonnen werden: *Wir lernen nicht durch Schlußfolgerungen und Ableitungen oder durch die Mathematisierung der Philosophie, sondern durch die direkte Beziehung und Anteilnahme.*[58] Weil er sich nicht dem modischen Glauben anschließen wollte, mit Mathematik und moderner Naturwissenschaft hätten die Menschen endlich den Stein der Weisen zur Lösung aller Lebensprobleme gefunden, so daß die Schaffung des Paradieses auf Erden schon absehbar geworden sei, lehnte er auch dankend die ehrenvolle Einladung zur Mitgliedschaft in der angesehenen «Gesellschaft zur Förderung der Naturwissenschaft» mit der Entschuldigung ab, er sei nun einmal kein Naturwissenschaftler, sondern Naturphilosoph, und das auch noch von Kopf bis Fuß. Als Naturphilosoph aber hatte er andere Methoden als Beobachtung und Experiment, nämlich Kontemplation und Intuition – ganzheitliche Methoden, die seiner Überzeugung nach allein zu jenem wahren Wissen führen konnten, nach dem der Mensch letztlich suchte: *Weisheit inspiziert nicht, sondern betrachtet.*[59]

Auch in Thoreaus Einstellung zur Naturdichtung, ja zur dichterischen Tätigkeit ganz allgemein macht sich sein ambivalentes Verhältnis zur Natur bemerkbar. Für die Transzendentalisten war die Natur kein x-beliebiger Gegenstand der Dichtung, vielmehr bestand für sie ein wesentlicher Zusammenhang zwischen Natur und Dichtung (bzw. Kunst überhaupt). Die Aufwertung der Natur zum Kunstgegenstand par excellence war in der Tatsache begründet, daß die Transzendentalisten die Natur, wie Thoreau es selbst formulierte, als *eine größere und vollkommenere Kunst, die Kunst Gottes*[60] ansahen und damit die Natur zum perfekten Vorbild und zum letztgültigen Maßstab aller Kunstwerke erhoben. Natürliche Schönheit und naturgemäße Kunst waren für sie Offenbarungen des absolut Guten und Wahren. Das Schöne und das Gute, Ästhetik und Ethik, bildeten daher für die Transzendentalisten eine unauflösliche Einheit, die eine moralische Reform des Menschen durch Kunst und Natur überhaupt erst möglich machte. Nach transzendentalistischem Verständnis war die Natur die Sprache der göttlichen Weltseele und damit das Urbild aller Sprachen. Deshalb sahen Thoreau und andere transzendentalistische Dichter die Natursymbolik als besonders geeignetes Mittel der Sprachkunst an, um spirituelle Wahrheiten in einer allen Menschen verständlichen Form mitzuteilen.

Allerdings mußten die Transzendentalisten feststellen – manchmal, wie in Thoreaus Fall, erst nach einem bitteren Lernprozeß –, daß der Mehrzahl der neuenglischen Leser der Zugang zum Verständnis der Natursymbolik fehlte: Auf Grund der fundamentalistischen Ausrichtung des puritanisch geprägten Bildungswesens waren die meisten von ihnen nur noch zu einem wortwörtlichen Textverständnis in der Lage – ob es sich nun um die Bibel oder um literarische Werke handelte. In der Unfähigkeit, die symbolische Ebene der Sprache zu erfassen, sahen die Transzendentalisten letztlich die Folge des verlorenen Zugangs zur transzendenten Dimension der Wirklichkeit bzw. zum spirituellen Wesenskern des menschlichen Selbst. Das fehlende Verständnis der Symbolsprache zu überwinden und den Mitmenschen damit zugleich wieder den verschlossenen Zugang zu einer höheren, transzendenten Wirklichkeit zu eröffnen, war für die Transzendentalisten die doppelte Aufgabe des Dichters. Die Sprache diente als Instrument zur Neuordnung von Individuum und Gesellschaft.

Hierbei war zunächst das Problem zu bewältigen, die eingeschliffene Routine des Mißverstehens zu durchbrechen. Durch den Einsatz eines ganzen Spektrums von stilistischen Mitteln – ungewohnte Metaphern, Paradoxa, Wortspiele, überraschende sprachliche Wendungen, plötzliche Stilwechsel und vieles andere mehr – versuchte Thoreau, seine Leser aus der Haltung des passiven Lesekonsumenten, der nur noch seine Erwartungen in den Text hineinprojiziert, herauszureißen. Thoreau setzte diese stilistischen Verfremdungseffekte jedoch so radikal ein, daß er die meisten zeitgenössischen Leser mit seiner sprachlichen Schocktherapie vor den Kopf stieß und sich bei seinen transzendentalistischen Kollegen den Vorwurf des unverbesserlichen Manieristen einhandelte.

Zu den heutzutage von Experten immer wieder lobend hervorgehobenen literarischen Eigenschaften Thoreaus zählt in erster Linie seine Meisterschaft der Naturdarstellung, in der äußerst präzise Beschreibung und meditative Intensität virtuos zu einer sprachlichen Synthese verbunden werden, die dem transzendentalistischen Ideal einer Einheit von Beobachtung und Kontemplation entspricht. Wenngleich auch andere amerikanische Schriftsteller bei der Behandlung dieses Themenbereichs Hervorragendes geleistet haben, so gilt Thoreau doch allein schon wegen des außerordentlichen Umfangs solcher Schilderungen als der bedeutendste amerikanische Naturdichter.

Während seine eher spröde Lyrik nur selten eine hohe Qualität erreicht, gehört die Prosa ohne Zweifel zum Besten, was die amerikanische Literatur hervorgebracht hat. Dies trifft insbesondere für den genannten

Themenkreis zu. So konstatierten Harding und Meyer 1980 unter den Literaturwissenschaftlern «eine nahezu einhellige Übereinstimmung, daß Thoreau Amerikas größter Naturdichter ist»[61]. Die außerordentliche Dichte seiner Prosa verleiht Thoreaus Schriften den besonderen Reiz, immer wieder gelesen werden zu können, ohne die Eigenschaft zu verlieren, dem Leser bei jeder Lektüre neue Perspektiven zu eröffnen. Vielschichtigkeit hielt er für ein unabdingbares Qualitätserfordernis literarischer Prosa: *In schriftlicher Form sollte Sprache mehrfach geschichtet sein. Höchste Kunst ist es, wenn auf der ersten Ebene der schlichte common sense erscheint, auf der zweiten die reine Wahrheit und auf der dritten die Schönheit.*[62] Diese vielschichtige Dichte der Sprache geht mit einer verblüffenden Leichtigkeit des Stils einher, und doch wurde sie erst durch eine literarische Anstrengung erreicht, die Thoreau selbst als Herkulesarbeit charakterisierte. So wurde beispielsweise die Manuskriptfassung seines bekanntesten Buches *Walden* vor der Veröffentlichung noch sechsmal völlig überarbeitet, wofür er annähernd ein Jahrzehnt benötigte.

Eine längere Passage aus *Walden* soll den außergewöhnlichen Grad an symbolischer Dichte verdeutlichen, den Thoreaus Naturschilderung durch die Verschmelzung von minuziöser Beschreibung und kontemplativer Deutung zu erreichen vermag:

Ein See ist der schönste und ausdrucksvollste Zug einer Landschaft. Er ist das Auge der Erde. Wer hineinblickt, ermißt an ihm die Tiefe seiner eigenen Natur. Die Bäume dicht am Ufer, welche sein Wasser saugen und in ihm zerfließen, sind die schlanken Wimpern, die es umsäumen, und die waldigen Hügel und Felsen die Augenbrauen, die es überschatten.

Woher der Ausdruck, die «glasige Oberfläche eines Sees» kommt, das sah ich an stillen Septembernachmittagen, wenn der Dunst das gegenüberliegende Ufer leicht verschleierte, von dem glatten, sandigen Gestade vom Ostende des Teiches aus. Dreht man den Kopf zur Seite, so sieht der See aus wie der feinste Sommerfaden, der über das Tal hinübergespannt ist; indem er sich glänzend von dem fernen Tannenwald abhebt, scheidet er eine Luftschicht von der andern. Man hat das Gefühl, daß man trockenen Fußes darunter hindurch zu den gegenüberliegenden Hügeln gehen, daß die Schwalbe, welche darüber schwebt, sich darauf niederlassen kann. Manchmal taucht sie auch wirklich wie aus Versehen unter die Oberfläche und erkennt ihren Irrtum. Blickt man über den Teich nach Westen zu, so muß man beide Hände zum Schutz der Augen sowohl gegen die wirkliche Sonne als auch deren Spiegelbild zu Hilfe nehmen, denn beide blenden gleich stark. Betrachtet man nun zwischen den beiden Sonnen aufmerksam die Oberfläche, so zeigt sich, daß sie wirklich so glatt wie Glas ist, ausgenommen dort, wo die in gleichmäßigen Zwischenräumen über die ganze Seeausdehnung zerstreuten Wasserläuferinsekten durch ihre Bewegungen in der Sonne die denkbar feinsten Glitzerfunken hervorbringen, wo allenfalls eine Ente ihr Gefieder glatt streicht oder eine Schwalbe tief genug herunter-

WALDEN;

OR,

LIFE IN THE WOODS.

By HENRY D. THOREAU,

AUTHOR OF "A WEEK ON THE CONCORD AND MERRIMACK RIVERS."

I do not propose to write an ode to dejection, but to brag as lustily as chanticleer in the morning, standing on his roost, if only to wake my neighbors up. — Page 92.

BOSTON:

TICKNOR AND FIELDS.

M DCCC LIV.

Erstausgabe von «Walden»

streift, um das Wasser zu berühren. Hie und da beschreibt drüben ein Fisch einen Bogen von drei bis vier Fuß durch die Luft, und ein blendender Blitz zuckt auf, wo er herauskam, und dort, wo er wieder das Wasser traf; manchmal ist der ganze silberne Bogen zu sehen; oder hier und dort schwimmt ein Stück Distelwolle, nach dem die Fische schnappen, um so die Oberfläche wieder aufglitzern zu lassen. Der See sieht aus wie geschmolzenes, kühles, aber nicht erstarrtes Glas, und die Stäubchen darin sind rein und schön wie die Bläschen im Glas.

Nach einigen Ausführungen über die Wasserläufer fährt er fort:

Keine Störung zeigt sich auf dieser großen Fläche, die nicht sogleich geglättet und gelindert würde: ein Gefäß mit Wasser wurde geschüttelt, die zitternden Kreise suchen das Ufer auf, und alles ist wieder glatt. Kein Fisch kann springen, kein Insekt in den See fallen, ohne daß es in kreisenden Wellen verkündigt wird, in Linien voll Schönheit, dem beständigen Aufquellen seines Bronnens, dem leichten Pulsschlag seines Lebens, dem Heben und Senken seiner Brust. Die Schauer der Wonne und die des Schmerzes sind nicht voneinander zu unterscheiden. Wie friedvoll sind die Erscheinungen des Sees! Wieder leuchten die Werke der Menschen wie im Frühling – ja, jedes Blatt und jedes Zweiglein, jeder Stein, jedes Spinnweb funkelt jetzt mitten im Nachmittage, als läge über allem der Tau eines Frühlingsmorgens. Jede Bewegung eines Ruders oder eines Insektes erzeugt einen Lichtblitz; und wenn das Ruder fällt, wie süß klingt das Echo!

An solchen Tagen im September oder Oktober ist der Waldenteich ein vollkommener Waldspiegel, in einer Umrahmung von Steinen, welche, auch wenn sie seltener und ihrer weniger wären, in meinen Augen nicht köstlicher sein könnten. Auf der ganzen Erde ist vielleicht nichts so schön, so rein und zugleich so groß wie ein See. Himmelswasser!

Es braucht keinen Schutz. Es ist ein Spiegel, den kein Stein zerschmettern kann, dessen Quecksilber sich nicht abnützt, dessen Vergoldung die Natur immer wieder ausbessert; kein Sturm, kein Staub trübt seine ewig neue Fläche; ein Spiegel, in dem alles Unreine, das mit ihm in Berührung kommt, niedersinkt, von dem die Sonne mit ihrem Duft, diesem lichten Staubtuch, den Staub wegwischt, der keinen Hauch, welcher hingeatmet wird, zurückhält, aber den eigenen emporsendet, damit er wolkenhoch über ihm dahinschwebe und dennoch sich in seinem Schoße widerspiegle.

Die Wasserfläche verrät den Geist, der in der Luft ist. Sie erhält immer neues Leben, neue Bewegung von oben. Sie ist ihrer Natur nach ein Mittelding zwischen Himmel und Erde. Auf dem Land wogen nur das Gras und die Bäume, aber das Wasser selbst wird vom Wind gekräuselt. Ich sehe an Streifen oder Flecken von Licht, wo die Brise hinüberstreift. Vielleicht blicken wir einmal nieder auf diese Oberfläche von Luft und sehen, wo ein noch freierer Geist darüber schwebt.[63]

Das Grundmaterial fast all seiner veröffentlichten Schriften bilden Eintragungen in den insgesamt 39 Manuskriptbänden seines alles in allem

Am Walden-See

rund 6000 Seiten umfassenden Tagebuchs, das in gewisser Weise sein literarisches Hauptwerk bildet. Diese Eintragungen wiederum gehen auf Notizen zurück, die Thoreau auf kleine Zettel schrieb, welche er für Aufzeichnungen fast immer bei sich trug. Der häufige Rückgriff auf diese Tagebucheintragungen verleiht Thoreaus Prosa einen außergewöhnlich lebensnahen und ungekünstelt wirkenden Charakter. Der oft aphoristische Zug seiner Tagebucheintragungen bleibt in den knappen und pointierten Sätzen seiner Prosa weitgehend erhalten und hat Thoreau zu einem der am meisten zitierten amerikanischen Literaten werden lassen.

Zu dieser erfrischenden Natürlichkeit seiner Sprache trug aber auch

seine starke Rezeption urwüchsig-amerikanischer Redewendungen aus der Umgangssprache wie auch seine – für die Literatur des Neuengland-Transzendentalismus überhaupt charakteristische – Orientierung am «organischen Prinzip» der Romantik bei. Letzteres beinhaltet in seinem Kern die Forderung, die Sprache nicht mehr wie im Klassizismus in ein Prokrustesbett starrer Formvorschriften zu zwängen, sondern die Form organisch aus dem jeweiligen Gehalt erwachsen zu lassen. Als eher intuitivem statt logisch-systematischem Denker kam Thoreau dieses Formverständnis besonders entgegen, wenngleich hierdurch auch oft der Eindruck mangelnder Schlüssigkeit und bisweilen sogar die Konzeptionslosigkeit entsteht, doch war die Widersprüchlichkeit seiner Aussagen nur das getreue Abbild der Widerspenstigkeit seines «wilden», unbeugsamen Charakters und seiner kreativen Spontaneität.

Sein eher assoziatives Herangehen an ein Thema darf jedoch nicht darüber hinwegtäuschen, daß der Stoff dennoch nach einem sinnvoll durchdachten Ordnungsprinzip gegliedert ist, das allerdings, wie etwa im Falle von *Walden*, sehr komplexen Charakters sein kann. Ebensowenig dürfen Leichtigkeit und Urwüchsigkeit vieler Passagen darüber hinwegtäuschen, daß Thoreau das ganze sprachliche Instrumentarium virtuos beherrschte und, wo zur Darstellung komplexer Sachverhalte nötig, auf einen sprachlichen Fundus zurückgreifen konnte, der vom Sprachschatz der antiken Dichter über den der englischen Klassiker bis zu Metaphern aus indianischen Sprachen reichte. Gerade seine meisterhafte Sprachbeherrschung erlaubte es ihm, auch philosophische Passagen mit einer präzisen Diktion zu formulieren, die kaum etwas an Lebendigkeit und Konkretheit einbüßte, wodurch er sich wohltuend von den oft trocken-abstrakten Formulierungen anderer Transzendentalisten unterschied. Daher auch das Kompliment der Literaturkritik, in Thoreau sei der Neuengland-Transzendentalismus «auf den Erdboden zurückgekehrt»[64].

Die Lebensnähe, die Thoreaus Sprache ausstrahlt, ist aber nicht nur das Produkt eines lebendigen Stils, sondern gründet auch in dem persönlichen Charakter ihres Inhalts, der durch einen ständigen Rückbezug allgemeiner Aussagen auf die Lebenserfahrung des Autors erzeugt wird. Tho-

Thoreaus Tagebücher in der von ihm dafür angefertigten Kiste

reaus Schriften tragen immer stark autobiographische Züge, selbst dort, wo ihr Inhalt keineswegs primär autobiographisch ist. Auch dies ist kein Zufall, sondern entspringt dem transzendentalistischen Postulat der «art of life», das heißt der Forderung, sein eigenes Leben als das eigentliche Kunstwerk zu betrachten, welches durch beständige Arbeit am Selbst geschaffen werden soll. Nur wer an diesem größten Kunstwerk arbeitete, konnte auch unverfälschte, ungekünstelte Kunst schaffen, da diese immer Reflex der persönlichen Erfahrung war. *Derjenige ist der wahrste Künstler, dessen Material sein eigenes Leben ist*[65], schrieb Thoreau in sein Tagebuch, und die Forderung, die er hieraus ableitete, lautete: *Unverfälschte Entdeckungen sollte ein Buch enthalten, knappe Eindrücke vom Festland, – und sei es auch von schiffbrüchigen Seeleuten; nicht aber die Navigationskunst derer, die nie außer Sichtweite der Küste waren. Nicht Weizen und Kartoffel sollen die Bücher als Früchte hervorbringen, vielmehr sollen sie die zwanglose und natürliche Ernte des Lebens ihrer Autoren sein.*[66]

Mit seinen Naturschilderungen wollte Thoreau nicht in erster Linie erbauen, sondern vor allem Wahrheit verkünden: Letztgültige, das Wesen der Dinge und den Sinn des Lebens betreffende Wahrheit, die ihm die Natur offenbarte. Da diese Wahrheit transzendenten Charakters war, unsagbar – jedenfalls nicht mit dem begrenzten Mittel der Sprache gegenständlich beschreibbar –, konnte der Dichter sie nicht direkt vermitteln, sondern mußte sich damit begnügen, mit Hilfe von Bildern und Gleichnissen, Mythen, Natursymbolen usw. auf diese verlorene Wahrheit hinzuweisen. Die Sprache des Dichters sollte den Weg zu jenem Schweigen weisen, das für die Transzendentalisten die absolute Wahrheit symbolisierte: *Wie sich die vollkommene Gesellschaft immer mehr der Einsamkeit nähert, so verfällt selbst die beste Rede schließlich ins Schweigen. Das Schweigen ist für alle Menschen vernehmbar, jederzeit und an allen Orten. Es existiert dann, wenn wir innerlich hören.*[67]

Die extrem hohen Anforderungen, die Thoreau an Dichter und Dichtung richtete, gingen unmittelbar auf die strengen Maßstäbe zurück, die sein Lehrer Emerson entwickelt hatte. Dieser hatte strikt zwischen wirklichen Dichtern (poets) und bloßen Schriftstellern (artisans) unterschieden. Diese Unterscheidung gründete keineswegs auf sprachlich-stilistischen Kriterien, sondern letztlich auf dem Gehalt, der durch die Literatur übermittelt wurde. Während der Schriftsteller seine sprachliche Begabung nur dazu benutzt, seine Leser zu unterhalten, setzt der wahre Dichter seine Sprachvirtuosität dazu ein, seinen Mitmenschen eine verlorene höhere Wahrheit wieder zugänglich zu machen. Wahre Dichter wie Orpheus oder Ossian waren mehr als bloße Sprachgenies: Sie waren mahnende Propheten, Seher verborgener Wahrheiten und Priester der göttlichen Allseele. Zu wirklicher Dichtung wurde ein schriftstellerisches Meisterwerk daher auch erst dann, wenn es absolute Wahrheiten vermittelte, das heißt Heilige Schrift war. Zu diesem außerordentlichen Anspruch bekannte sich Thoreau voll und ganz: *Es sollte das Ziel des Autors sein, einmal und mit Nachdruck «ER sprach» – ἔφχ – zu sagen. Dies ist das Äußerste, was der Verfasser zu erreichen vermag. Wenn er sein Werk zu einer Mole macht, an der sich die Wellen des Schweigens brechen können, dann ist es gelungen.*[68]

Dies war ein übermenschlicher, streng genommen unerfüllbarer Maßstab, dem sich Thoreau als Literat unterworfen hatte. Aber die außergewöhnliche Qualität – nicht nur die formale – seiner Schriften, vor allem die Tatsache, daß er auch lange nach seinem Tod noch immer als ein Dichter angesehen wird, der seinen Lesern wirklich etwas zu sagen hat, stellt vielleicht schon die Antwort auf jene Frage dar, die er im Jahre 1848 formuliert hatte: *Wenn ein Mensch stets nach Höherem strebt, wird er nicht dadurch bereits erhöht?*[69] Thoreaus unablässiges Bemühen, einem letztlich unerreichbaren Ziel näher zu kommen, verdanken wir heute einige Meisterwerke der amerikanischen Literatur, vor allem ihre bedeutendste Naturdichtung, die zu schaffen wohl kaum ein anderer mehr berufen war als ein Mensch, von dem einer seiner engsten Freunde sagen konnte: «Ich finde, Thoreau steht der Natur und der Beherrschung ihrer feinsten Geheimnisse näher als alle anderen Menschen, die ich kannte ...»[70]

Der «Aussteiger» als Prophet: Thoreaus Kritik der entstehenden Industriegesellschaft

Thoreau lebte in einem Lande, das sich gerade in Aufbruchstimmung befand: Es war das Amerika, das Jahr für Jahr zahllose Einwanderer aus dem Alten Europa anzog, weil sie nur hier, in der Neuen Welt, auf die Verwirklichung ihrer Träume hoffen konnten. Diese Aufbruchstimmung wurde in der ersten Hälfte des 19. Jahrhunderts vor allem durch die jetzt auch in den USA einsetzende Industrialisierung verstärkt, wie auch durch die rapide Expansion nach Westen, die wiederum durch die sagenhaften Goldfunde in Kalifornien zusätzlich stimuliert wurde. Es roch förmlich nach Fortschritt, wenngleich sich dieser keineswegs kontinuierlich vollzog, sondern hitzige Aufschwungphasen immer wieder mit schweren wirtschaftlichen Depressionen abwechselten. Trotz dieser Krisen beherrschte aber ein unbändiger Optimismus die öffentliche Stimmung der USA: Die große Mehrheit der Amerikaner sah in den Krisen keine Untergangserscheinung, sondern deutete sie als die Geburtswehen einer neuen Zivilisation, welche die kühnsten Träume der Menschheit übertreffen würde.

Nur eine kleine Minderheit von Amerikanern teilte diesen geradezu handgreiflich spürbaren Optimismus nicht und erst recht nicht die vorherrschende Meinung, daß der technische Fortschritt nur Segnungen mit sich bringe. Thoreau sollte sich zum radikalsten Sprecher dieser Skeptiker entwickeln. Schon seine Frühschriften hatte die Artikulation eines vagen Unbehagens an der gesellschaftlichen Entwicklung durchzogen, vor allem was die technischen Umwälzungen und die einsetzende Dynamik der wirtschaftlichen Entwicklung betraf.

Eigenartigerweise wurde dieses Unbehagen jedoch von einem Menschen formuliert, der von den kritisierten technischen und ökonomischen Entwicklungen selbst praktisch unberührt geblieben war – lebte er doch in der ländlichen Idylle Concords, die auch durch den Bau der am Walden-See entlangführenden Eisenbahnlinie Boston–Fitchburg im Jahre 1843 nicht zerstört worden war. Nach Thoreaus Überzeugung stand allerdings all jenen, welche die Eisenbahn vorbehaltlos willkommen hießen, noch die dann wohl zu spät gewonnene Erfahrung bevor, *daß nur einige wenige mit ihr fahren, der große Rest aber überfahren wird*[71]. Denn der Mensch war dabei, sich an seine eigenen Erfindungen zu versklaven

Die Fitchburg-Eisenbahn im Hohlweg am Ufer des Walden-Sees

und so zum Opfer des von ihm selbst geschaffenen «Fortschritts» zu werden.

Der bei der Mehrzahl von Thoreaus Landsleuten vorherrschende grenzenlose Optimismus war durch den sichtbaren technischen Fortschritt beflügelt worden, insbesondere durch die Dampfmaschine und die daraus abgeleiteten Folgeerfindungen. Dieser revolutionäre Wandlungsprozeß begann in den USA nicht weit entfernt von Thoreaus Heimatort, in Lowell, Mass., wo 1822 die erste Textilfabrik errichtet wurde, der schnell weitere in Manchester, Mass., und anderen Nachbarorten folgten. Während nun die meisten Amerikaner fest daran glaubten, daß mit dem zivilisatorischen Fortschritt auch eine Verbesserung aller Lebensbereiche einschließlich des geistig-moralischen einhergehen würde, wandte Thoreau kritisch ein, daß man zumindest in dem Glauben an einen automatischen charakterlich-ethischen Fortschritt der Menschheit wohl einem Irrglauben aufgesessen sei: *Während die Zivilisation unsere Häuser verbessert hat, hat sie nicht in gleicher Weise auch die Menschen verbessert, die darin wohnen sollen.*[72]

Wie stark die neuen technischen Entwicklungen die Phantasie der Amerikaner zu beflügeln vermochten, zeigt sich besonders deutlich am Verkaufserfolg der zahlreichen technisch-utopischen Romane, die in der ersten Hälfte des 19. Jahrhunderts in den USA publiziert wurden. Ihr gemeinsamer Grundtenor bestand in der frohen Botschaft von der bevorstehenden Ankunft des Paradieses auf Erden, dessen Details die Autoren ihren Lesern bereits im Vorgriff plastisch vor Augen zu führen versuchten. 1843 ergab sich für Thoreau die Gelegenheit, eine Rezension über das Buch des deutschstämmigen Utopisten J. A. Etzler zu schreiben, welches den bezeichnenden Titel trug: «Das Paradies in Reichweite aller Menschen, ohne Arbeit, erreichbar durch die Kräfte der Natur und der Maschinen».

Textilfabrik in Manchester, Mass.

Auffallend an Thoreaus Buchbesprechung ist, daß er keineswegs in erster Linie auf einen Nachweis der technischen Unrealisierbarkeit wichtiger Elemente des Etzlerschen Schlaraffenlandes abzielte, sondern einen sehr viel grundsätzlicheren Angelpunkt für seine Kritik wählte: Die Frage nämlich, ob die Verwirklichung eines solchen technischen Utopias die Menschen dauerhaft glücklich machen würde. Mit diesem Problem hatte sich Etzler gar nicht erst auseinandergesetzt. Eine Beantwortung der Frage, wodurch der Mensch wirkliches Glück erlangte, mußte nach Thoreaus Auffassung aber zuvor beantwortet sein: *Die Frage ist nicht, wie wir etwas tun sollen, sondern was wir tun sollen.*[73] Sinn und Ziel des menschlichen Lebens mußten bestimmt sein, bevor man sich mit den Details der Frage beschäftigte, auf welchem Wege man dieses Ziel am besten erreichte. Hätten die Utopisten diesen Grundfragen nur halb so viel Zeit gewidmet, wie sie in die Ausmalung ihres technischen Schlaraffenlandes investiert hatten, so wäre ihnen wohl kaum verborgen geblieben, daß die meisten Erfindungen *nur verbesserte Mittel zu einem nicht verbesserten Zweck*[74] waren.

Der Hang seiner Zeitgenossen, stets nach dem bequemsten Weg zum Glück zu suchen und dieses ungeprüft mit materiellem Wohlstand gleichzusetzen, zeigte sich nach Thoreaus Auffassung vor allem in dem Goldrausch, der Amerika in den fünfziger Jahren ergriff. 1854 verfaßte er einen später unter dem Titel *Leben ohne Grundsätze* veröffentlichten Essay, der wohl vor allem an diejenigen Landsleute gerichtet war, die sich mit dem Gedanken trugen, sich jenen Glückssuchern anzuschließen, die nun herdenweise zur Goldsuche nach Kalifornien zogen. In der Vortragsfassung seines Essays konfrontierte er seine Landsleute schon im Titel mit der in Anlehnung an Markus VIII,36 formulierten Frage *Was nützt es dem Menschen?*, da sie diese nach Thoreaus Auffassung besonders gründlich zu verdrängen pflegten. Es ging ihm weniger darum, ihnen bewußt zu machen, wie gering die Chancen waren, zu den tatsächlich erfolgreichen Goldsuchern zu gehören, vielmehr zwang er seine Zuhörer, einmal darüber nachzudenken, was mit einem großen Goldfund wirklich erreicht sein würde. Wäre man dann für den Rest seines Lebens glücklich und zufrieden? Wenn diese allgemeine Annahme stimmte, müßten die erfolgreichen Goldsucher in der Regel geradezu Personifizierungen der Glückseligkeit sein. Wie aber sah die Realität aus? Diese Frage versuchte Thoreau mit dem Bericht über jenen Glücksritter zu beantworten, der im australischen Bendigo einen Goldklumpen von sage und schreibe 28 Pfund gefunden hatte. Der Bericht, aus dem Thoreau zitierte, endete mit der Feststellung: «Er ist ein hoffnungslos ruinierter Mann.»[75] Dieser Bericht, so fügte Thoreau hinzu, war aber kein Einzelfall, sondern traf wohl eher das typische Schicksal der sogenannten Glückspilze in den Goldminen. Für Thoreau handelte es sich um ein notwendiges Scheitern, weil die über Nacht reich gewordenen Glücksritter unvermeidlich einer

Goldgräber in Kalifornien. Karikatur, um 1850

großen Enttäuschung ausgesetzt wurden, da ihnen ihr äußerer Reichtum nicht das zu gewähren vermochte, was sie sich letztlich von ihm ersehnt hatten: dauerhaftes Glück.

Thoreau gehörte damals zu der Minderheit jener Yankees, welche sich nicht von dem allgemeinen Enthusiasmus über die goldenen Perspektiven, die sich in wirtschaftlicher Hinsicht aufzutun schienen, infizieren ließ. Seine Skepsis richtete sich dabei weniger gegen die optimistischen Prognosen der Wirtschaftsentwicklung als gegen den kritiklosen Glauben daran, daß ungestümes wirtschaftliches Wachstum letztlich nur Segnungen mit sich bringen würde. Gleichzeitig wagte es Thoreau, die wirtschaftlichen Tugenden des Yankees, denen Neuengland seine führende ökonomische Stellung unter den amerikanischen Staaten ja zum großen Teil verdankte, respektlos in Frage zu stellen. Ein Jahrhundert vor Herbert Marcuse kritisierte Thoreau bereits das Dominantwerden eines «eindimensionalen Menschen».

Thoreaus zentraler Einwand gegen die rastlose Geschäftstüchtigkeit seiner Landsleute lautete schlicht und einfach: *Es genügt nicht, fleißig zu sein; das sind ja auch die Ameisen; w o z u seid ihr fleißig?*[76] Einem letzten Zweck diente der Fleiß der meisten Yankees offenbar nicht mehr, und ihr Bemühen um ständige Mehrung ihres Wohlstands kannte keine selbstgesetzte Grenze. Daher konnten sie in einem Mann wie Thoreau, den

Emerson als «den einzigen Menschen mit Muße in der Stadt»[77] bezeichnete, natürlich nur einen Nichtsnutz und Faulpelz – heute würde man wohl sagen: einen akademischen Leistungsverweigerer – sehen.

Wie Thoreau richtig erkannte, gingen seine rastlosen Landsleute unbewußt von der Annahme aus, daß das Glück im gleichen Verhältnis wie der materielle Lebensstandard anwachse. Dies, so hielt Thoreau ihnen entgegen, war jedoch ein fundamentaler Irrtum. Denn zum einen wurde der Zuwachs an Befriedigung immer geringer, je mehr man bereits hatte, und zum anderen standen das Ziel der steten Mehrung des materiellen Wohlstands und das Ziel des Glücklichseins in einem unaufhebbaren Konflikt zueinander: *Die meisten Luxusgüter und viele der sogenannten Bequemlichkeiten des Lebens sind nicht nur entbehrlich, sondern ausgesprochene Hindernisse für die Höherentwicklung der Menschheit.*[78] Daher galt: *... ein Mensch ist so reich wie die Anzahl der Dinge, auf die er verzichten kann.*[79] Denn als einziges mit einer Geistseele ausgestattetes Geschöpf war der Mensch zur Erlangung des Glücks auf die Befriedigung höherer als nur der körperlichen Bedürfnisse angewiesen. Eine Wachstumswirtschaft konnte ihm zwar einen Überfluß an materiellen Gütern verschaffen, nicht aber jene geistig-seelische Nahrung, deren der Mensch auf Grund seiner spezifischen Natur nun einmal bedurfte.

In Thoreaus Ökonomie-Kritik war bereits die mit der modernen Formel vom Gegensatz zwischen der Quantität und der Qualität des Lebens umschriebene Gegenüberstellung von materiellen und immateriellen Bedürfnissen des Menschen angelegt, die sich zwar in kleinen Bereichen (z. B.: Notwendigkeit eines gesunden Körpers zur vollen Entfaltung des Geistes) ergänzen, ansonsten aber in Konflikt zueinander stehen. Diesem Konflikt zwischen Quantität und Qualität des Lebens widmete Thoreau vor allem den ersten Teil von *Walden*. Im Kapitel *Ökonomie* charakterisierte er seinen Aufenthalt am Walden-See als ein Experiment zur Schaffung einer Gegenökonomie: Die eindimensional auf die Verbesserung der materiellen Bedürfnisbefriedigung ausgerichtete Yankee-Ökonomie sollte durch eine *Ökonomie des Lebens*, das heißt durch eine umfassende Lebensphilosophie ersetzt werden, welche den materiellen wie den immateriellen Bedürfnissen des ganzen Menschen Rechnung trug.

Thoreau hielt sich keineswegs für den genialen Entdecker des aufgezeigten Konfliktverhältnisses zwischen rastloser wirtschaftlicher Tätigkeit und *Ökonomie des Lebens*, sondern er ging davon aus, daß jeder Mensch durch seine Vernunft auf diesen Konflikt hingewiesen werde. Wenn dem aber so war, dann erhob sich die Frage, warum die Mehrzahl der Menschen auf der Suche nach dem wahren Glück so vernunftwidrig handelte. Schon der junge Thoreau hatte versucht, eine Erklärung für dieses Phänomen zu finden. Mit bemerkenswertem psychologischem Scharfblick analysierte er in seinem College-Essay *Menschen, deren Streben sich auf das Geld richtet* den in Neuengland vorherrschenden *Krämer-*

geist. Als dessen Basis bestimmte er eine *blinde und unmenschliche Liebe zum Reichtum*[80]. Anders als sein Zeitgenosse Karl Marx drang Thoreau damit in seiner Kritik des Wirtschaftslebens bis zu den Wurzeln der Mißstände in den menschlichen Individuen selbst vor, wobei er allerdings die Ebene der sozialen Institutionalisierung bei seiner Analyse sozusagen übersprang; entsprechend einseitig fiel dann auch sein frühes, radikal individualistisches Reformkonzept aus. Die Blüte des neuenglischen Handels interpretierte er im Gegensatz zur Mehrheit seiner Landsleute als den Ausdruck einer weitverbreiteten geistig-moralischen Krankheit. Der Kapitalismus war für ihn nicht einfach eine bestimmte Wirtschaftsordnung, sondern der sozio-ökonomische Ausdruck des herrschenden Seelenzustandes. Der in Neuengland vorherrschende Menschentyp war nach Thoreaus Auffassung dadurch gekennzeichnet, daß sich die Vernunft hier auf den kalkulierenden Verstand verkürzt hatte und dieser dann ganz in den Dienst einer ungehemmten Habgier gestellt wurde. Der Wunsch nach steter Mehrung des privaten Besitzes war für die Mehrheit der Yankees offensichtlich zu einer Art Droge geworden, von der sie sich nicht mehr zu lösen vermochten. Die materiellen Ergebnisse ihrer krankhaften Abhängigkeit vom Erwerbstrieb, das rapide ökonomische Wachstum nämlich, diente ihnen zur ideologischen Rechtfertigung der Fortsetzung des einmal eingeschlagenen Irrwegs.

Thoreau versuchte, hinter die Kulissen scheinbaren Erfolgs zu schauen: *Der Farmer bemüht sich, das Problem des Lebensunterhalts mit einer Formel zu lösen, die komplizierter ist als das Problem selbst. Um seine Schuhriemen zu bekommen, spekuliert er in Rinderherden. Mit beträchtlichem Geschick hat er seine Falle aufgestellt, mit einer empfindlichen Sprungfeder daran, um in ihr Wohlstand und Unabhängigkeit zu fangen, – und ist dann, kaum daß er sich umdrehte, mit dem eigenen Bein hineingeraten.*[81] Stolze Farmen bewirtschafteten Concords Farmer, aber die meisten von ihnen waren so hoch über beide Ohren verschuldet, daß sie zum Raubbau an der Natur gezwungen waren: Die Farm, die sie zu besitzen glaubten, hatte in Wirklichkeit von ihnen Besitz ergriffen.

Als Prototyp eines solch sklavischen Charakters präsentierte Thoreau den Lesern von *Walden* die Gestalt des irischen Tagelöhners John Field. Der Ire schuftete schlimmer als mancher Negersklave für einen weißen Farmer, aber er gehörte nach seiner eigenen Einschätzung zu den Leuten, die es im Leben zu etwas gebracht hatten. Denn wenngleich seine Familie in einer schäbigen, vom Farmer angemieteten Hütte hausen mußte, konnte er sich doch nun, anders als in Irland, dann und wann Kaffee, Milch, Butter und Fleisch leisten. Thoreau schlug ihm vor, seinem Beispiel zu folgen: Er brauche nämlich nur wenige Stunden am Tag zu arbeiten und sei sogar Besitzer seiner bescheidenen, aber sauberen, selbstgebauten Hütte. John Field wurde zwar durch die von Thoreau aufgezeigte Alternative einen Moment lang verunsichert, dann aber winkte er dan-

kend ab: Sein Sklavenleben hätte er ja gerne aufgegeben – aber auf die Genußmittel, die er sich jetzt leisten konnte, wollte er doch lieber nicht verzichten.

Mit dem an John Fields Beispiel aufgezeigten Teufelskreis aus ver-

Das Mobiliar von Thoreaus Hütte

mehrten Bedürfnissen – vermehrter Arbeit – erneut vermehrten Bedürfnissen usw. wollte Thoreau auf ein scharfsinnig erkanntes Grundpro-
blem der Wachstumswirtschaft aufmerksam machen: Die Produktion
konnte nur dann ständig wachsen, wenn sie ständig neue, künstliche Be-

dürfnisse erzeugte, deren Befriedigung dem Konsumenten als glücksnotwendig suggeriert wurde – in späteren Zeiten durch eine eigene raffinierte Werbemaschinerie. Ein Mehr an Glück war nach Thoreaus Überzeugung jedoch nicht durch ein Mehr an Konsum käuflich zu erwerben. Am Walden-See wollte er durch eigene Erfahrung herausfinden, welches die wirklich unabdingbaren Lebensbedürfnisse waren. Thoreau erläuterte diesen Begriff wie folgt: *Mit dem Wort Lebensbedürfnisse meine ich von den Dingen, die sich der Mensch durch eigene Anstrengung erwirbt, alles, was von Anfang an so wichtig war oder aber durch lange Gewohnheit so wichtig geworden ist, daß nur wenige Menschen (wenn überhaupt jemand) je versuchten, ohne dies auszukommen, – ob es nun aus Verwilderung, aus Armut oder aus philosophischen Beweggründen geschah.*[82]

Wenn das industriell-kapitalistische Wirtschaftssystem mit seinen (in den USA allerdings damals noch kaum ausgeprägten) negativen sozialen Begleiterscheinungen nach Thoreaus Auffassung nur die konsequente Folge der Verbreitung eines psychisch kranken Charaktertyps war, so warf diese Diagnose doch die weitergehende Frage auf, wie sich dieser spirituell und moralisch krankhafte Menschentyp hatte durchsetzen können. Weshalb hatten bei der Mehrheit der Amerikaner die niederen Bedürfnisse gegenüber den Impulsen der Vernunft und des Gewissens die Oberhand gewonnen? Thoreau lieferte keine simple, einseitige Erklärung, sondern machte hierfür eine Vielzahl von individual-psychologischen wie sozialen Faktoren verantwortlich. Einen besonders negativen Einfluß wies er einer Instanz zu, die eigentlich als gesellschaftlicher Verstärker der positiven Impulse im Menschen hätte fungieren sollen: Der Kirche.

Allerdings drang Thoreau noch nicht zu dem erst von Max Weber aufgezeigten Zusammenhang von puritanischer Arbeitsethik und Kapitalismus vor. Vielmehr war seine Kritik an den verschiedenen kirchlichen Vereinigungen Neuenglands zumindest noch in den Frühschriften eine Kopie der kritischen Äußerungen seines Lehrmeisters Emerson, der spätestens seit seinem kritischen Vortrag vor der Abschlußklasse des Theologischen Seminars der Harvard University im Jahre 1838 als Neuenglands gefährlichster Ketzer galt. Wenn Thoreau beispielsweise den Unitarismus als eine *einzigartige Kombination von Gebetsveranstaltung und Picknick*[83] abqualifizierte, dann wiederholte er im Grunde nur Emersons Kritik an dem «leichenkalten Unitarismus von Boston und Harvard College»[84].

Im Unterschied zu der sich etwa gleichzeitig in Deutschland entwickelnden linkshegelianischen Religions-Kritik blieb Thoreu jedoch ein radikaler Kirchen-Kritiker: Während Feuerbach damals die Religion als ein anachronistisches Überbleibsel aus vor-aufklärerischen Zeiten ansah und sie als die Projektion menschlicher Wünsche und Ideale zu entlarven versuchte, blieb Religion für Thoreau ein unabdingbarer Ausdruck des spirituellen Wesenskerns des Menschen. Nicht gegen die Religion richtete sich daher Thoreaus Kritik, sondern gegen die Amtskirchen, die seiner Auffassung nach alle die Religion in mehr oder weniger schamloser Weise vor den Karren ihrer allzu oft unheiligen, weltlichen Ziele gespannt hatten und unter Ausnützung der seelischen Bedürfnisse des Menschen ein komfortables, parasitäres Dasein führten.

Durch den negativen Einfluß des Klerus seien die Kirchen zu Clubs von Biedermännern degeneriert, die Ethik durch Etikette ersetzt hätten. Religion sei dadurch in Neuengland zu gesellschaftlicher Konvention herabgesunken. Thoreau warf dem Klerus aber auch vor, sich aus recht weltlichen Motiven die Rolle eines Gralshüters ewiger Wahrheiten und eines exklusiven Vermittlers göttlicher Gnade angemaßt zu haben. Letztere Kritikpunkte lassen deutlich den transzendentalistischen Hintergrund der Thoreauschen Kritik, aber auch quäkerische Einflüsse (in erster Linie wohl aus seiner Verwandtschaft) erkennen, da ja die Quäker von der Unmittelbarkeit der Gotteserfahrung in der menschlichen Seele ausgingen und dem Klerus daher die Existenzberechtigung bestritten.

Hinzu kam noch Thoreaus Vorwurf, daß die von der Amtskirche vermittelte göttliche Wahrheit nicht nur aus zweiter Hand sei, sondern auch verkürzt und entstellt, da die Kleriker die Botschaft der Bibel durch ihre vermeintlichen Interpretationskünste in der Regel verfälschten. In diesem Kritikpunkt zeigt sich das mystische Religionsverständnis Thoreaus, wonach sich ewige Wahrheiten nur in der Seele des Menschen selbst unverzerrt enthüllen konnten.

Ein weiterer Vorwurf richtete sich gegen die subtile Machtpolitik des Klerus: Durch eine geschickte Gewissensmanipulation verstände er es, den Gläubigen weltliche Normen als vermeintlich göttliche Gebote einzuimpfen und bei einem Verstoß gegen diese Normen künstliche Gewissensbisse zu erzeugen. So hätte der Klerus im Laufe der Zeit aus der Religion mit Hilfe von Dogmen und Verboten eine Fessel des Menschen gemacht, während sie ihrem Wesen nach doch nichts anderes sei als *die Nabelschnur, welche die Menschen mit Gott verbindet*[85]. Um den Mißbrauch der Religion zur Unterdrückung der Menschen zu unterbinden, bemühte sich Thoreau nach Kräften, die noch unangefochtene Stellung des neuenglischen Klerus durch seine ätzende Kritik zu erschüttern. So schrieb er am 18. Dezember 1856 nach einem seiner kritischen Vorträge ins Tagebuch: *Hielt im Untergeschoß der orthodox-puritanischen Kirche einen Vortrag und glaube, zu ihrer Unterminierung beigetragen zu haben.*[86]

Diese subversive Tätigkeit als Kritiker der Amtskirche hielt er für nötig, weil der Klerus seiner Überzeugung nach – sei es aus Unfähigkeit oder aber aus Angst davor, die eigene Monopolstellung zu verlieren – den Menschen nicht dabei half, den göttlichen Wesenskern ihres Selbst wiederzuentdecken und ihre Religiosität so von den kirchlichen Krücken zu befreien: *Die Kirche ist eine Art von Hospital für die Seelen der Menschen und ebenso voll von Quacksalberei wie das Hospital für ihre Körper.*[87]

Zu Thoreaus religiöser Subversionsarbeit gehörte auch seine These, daß alle Weltreligionen und deren Heilige Schriften als gleichrangige Ausdrucksformen für ein und dieselbe, letztlich unbeschreibbare innere Gotteserfahrung anzusehen seien; die Bibel sei keineswegs alleiniges Wort Gottes und das Christentum keineswegs der Höhepunkt göttlicher Offenbarung. Hier zeigt sich deutlich der Einfluß, den der französische Eklektizismus auf den Neuengland-Transzendentalismus ausgeübt hatte.[88] Mit dem Religionsverständnis seiner Landsleute geriet Thoreau aber auch dadurch in Konflikt, daß er sich von dem puritanischen Vorurteil zu lösen versuchte, der römische Katholizismus sei die Religion des Antichristen. Thoreau gelangte zu einem wesentlich differenzierteren Urteil, das wieder seine klare Unterscheidung zwischen Kirche und Religion zeigt: *Vielleicht wäre der Katholizismus sogar eine wirklich bewundernswerte Religion, wenn nur die Priester beiseite gelassen würden.*[89]

Priester, welche diese Bezeichnung wirklich verdienten, waren für ihn allein jene begnadeten Menschen, aus denen Gott selbst sprach – beispielsweise die prophetischen Dichter der Weltliteratur –, nicht aber Menschen, die durch die Handauflegung eines Bischofs oder durch die Aushändigung einer Bestallungsurkunde zu klerikalen Funktionären ernannt worden waren – denn Gnade ließ sich nun einmal nicht institutionalisieren.

Bei seinem Besuch in Montreal hatte sich der protestantisch erzogene und daher an die schlichte Architektur der puritanischen Kirchen gewöhnte Thoreau der beeindruckenden Wirkung der katholischen Kathedrale von Notre-Dame mit ihrer verschwenderischen Architektur und einem Innenraum, in dem zahllose Kerzen eine ergreifende und erhabene Stimmung erzeugten, nicht entziehen können. Dennoch schrieb er nach seinem Besuch die Bemerkung in sein Tagebuch: *In Concord brauchen wir dergleichen gewiß nicht. Unsere Wälder sind eine solche Kirche, nur weitaus größer und noch heiliger.*[90] Wieder hatte ihn der stillschweigende Anspruch des Klerus gestört, dem Gläubigen erst durch die Bereitstellung von Kirchengebäuden und speziellen rituellen Hilfsmitteln die Religiosität ermöglicht zu haben. Als Naturmystiker, der schon von einem banalen Sonnenaufgang oder vom Zirpen einer Grille zu ekstatischer Erfahrung des Göttlichen geführt werden konnte, bedurfte Thoreau keiner Kirche. Weil die Natur Thoreau jene Transzendenzerlebnisse zuteil werden ließ, über die der rationalistisch verbildete Klerus der Unitarier meistens nur aus zweiter Hand zu berichten vermochte, trat Thoreau konsequenterweise aus der Kirche aus, als er zum erstenmal ungefragt Kirchensteuer für, wie er wohl meinte, gar nicht erbrachte spirituelle Dienstleistungen erbringen sollte. Statt dem Menschen in der Gegenwart den Weg zur Entdeckung des göttlichen Wesenskerns der Psyche zu ebnen, bauten die Kleriker mit ihrer ständigen Vertröstung auf ein zukünftiges Leben nur künstliche, wenngleich machterhaltende Barrieren zwischen

Thoreau, 1854. Zeichnung von Rowse

Mensch und Gott auf, von dem Thoreau auf Grund seiner mystischen Erfahrungen sagte, er sei die Fülle des Augenblicks.

Später verschob sich dann der Angriffspunkt von Thoreaus Kritik stärker auf den Vorwurf der Bigotterie von Klerus und Gläubigen wegen ihrer Gleichgültigkeit gegenüber dem Sklavenproblem: *Diejenige Nation, in der nicht die Grundsätze der Humanität, sondern rassische Vorurteile vorherrschen, ist nicht christlich.*[91] Erst als sich diese Situation nach dem An-

Die Universität von Harvard

wachsen der abolitionistischen Bewegung änderte, schwächte Thoreau seine Kirchenkritik deutlich ab.

Insgesamt aber hatte er sich mit seiner ätzenden Kritik an der Degeneration des religiösen Lebens nicht nur beim Klerus, sondern auch bei den meisten einfachen Kirchenmitgliedern unbeliebt gemacht. Vor allem die beißende Kirchenkritik im Sonntags-Kapitel seiner *Woche auf dem Concord und Merrimack* rief bei der Leserschaft Empörung und Ablehnung hervor und trug wohl nicht unwesentlich zum Mißerfolg seines ersten Buches bei.

Obwohl Thoreau sicherlich, zumindest von der Schärfe seiner Sprache her beurteilt, der radikalste Kirchenkritiker unter den Transzendentalisten war und einer der wenigen von ihnen, die freiwillig aus der Kirche ausgetreten waren, sagte der für seine Aufrichtigkeit bekannte Emerson in seinem Nachruf auf Thoreau: «Er war eine Person von seltener, feinfühliger und absoluter Religiosität ...»[92]

Für das Vorherrschen falscher Wertmaßstäbe in der amerikanischen Gesellschaft machte Thoreau nicht allein die Kirchen, sondern auch noch andere Institutionen verantwortlich, die in entscheidender Weise das öffentliche Bewußtsein prägten, vor allem das Bildungssystem. Mit diesem hatte Thoreau persönlich derart unangenehme Erfahrungen gemacht, daß er den Stolz seiner Mitbürger auf den vergleichsweise hohen Entwicklungsstand des neuenglischen Erziehungswesens und seinen bemerkenswert demokratischen Charakter nicht zu teilen bereit war. Die Ausbildung der Schüler wurde seines Erachtens viel zu lebensfremd gestaltet, und eine allein mit dem Rohrstock betriebene Charakterbildung konnte wohl kaum von Wert sein.

Die Hauptschuld an der Misere des Schulwesens wies Thoreau jedoch den Universitäten zu, die ja die Lehrer so miserabel ausbildeten. Was die Professoren in Harvard ihn gelehrt hatten, war in der Regel ein angelesenes Wissen gewesen, das sie nicht durch ihre eigene Lebenserfahrung weiterentwickelt hatten und das daher auch keinerlei Verbindlichkeit für ihre praktische Lebensführung besaß. In seiner Erwartung, in Harvard Vorbildern gelebter Überzeugung zu begegnen, war Thoreau bitter enttäuscht worden; daher sein harsches Urteil: *Heutzutage gibt es zwar Philosophieprofessoren, aber keine Philosophen.*[93] Sein Verständnis von einem Philosophen, der diese Bezeichnung verdiente, erläuterte er so: *Um Philosoph zu sein, genügt es nicht, geistreiche Gedanken zu haben oder eine philosophische Schule zu gründen, sondern man muß die Weisheit so sehr lieben, daß man nach ihren Geboten lebt, und zwar ein Leben der Einfachheit, der Unabhängigkeit, des Großmuts und des Vertrauens. Es bedeutet, einige der Grundprobleme des Lebens nicht nur theoretisch, sondern auch in der Praxis zu lösen.*[94]

In Thoreaus Kritik an der amerikanischen Gesellschaft blieb interessanterweise der Bereich der Politik anfangs fast völlig ausgespart. Zum Teil war dies auf die Tatsache zurückzuführen, daß er in einer noch nahezu «staatslosen» Gesellschaft lebte. Nicht nur in den einsamen Grenzgebieten fehlte die in Kontinentaleuropa so selbstverständliche Allgegenwart eines Obrigkeitsstaates, der sich auf einen großen bürokratischen Apparat von qualifizierten Berufsbeamten und auf ein jederzeit auch gegen aufmüpfige Bürger einsetzbares mächtiges Stehendes Heer stützen konnte. Im Gegensatz hierzu war der Staat in den USA damals nichts anderes als die von den Bürgern abhängige und wegen der Dilettantenverwaltung sowie des Milizsystems naturgemäß schwache politische Organisation der amerikanischen Gesellschaft. In seinem berühmt gewordenen Essay über den Zivilen Ungehorsam weist Thoreau selbst auf die für den damaligen Amerikaner durchaus charakteristische Erfahrung relativer Staatslosigkeit hin: *Ich begegne dieser amerikanischen Regierung oder ihrem Stellvertreter, nämlich der Regierung unseres Gliedstaates, nur ein einziges Mal im Jahr – nicht häufiger – unmittelbar und Auge in Auge in der Person ihres Steuereinnehmers.*[95]

Die in den damaligen USA unbekannte kontinentaleuropäische Trennung zwischen einer entpolitisierten Gesellschaft und einem hoch über dieser schwebendem Obrigkeitsstaat von eigenen Gnaden war damals gerade in Preußen zur Freude der Herrschenden durch den Philosophieprofessor Hegel spekulativ gerechtfertigt worden: Er hatte das Wesen des Staates als göttlich bestimmt und dem Staat die historische Aufgabe zugewiesen, den nur noch egoistisch handelnden Bürgern und Ständen gegenüber jenes unverzichtbare Maß an Sittlichkeit durchzusetzen, das zum Zusammenhalt einer Nation und zur Erzielung von Gemeinwohl und Freiheit erforderlich war. Fast zu derselben Zeit formulierte Emerson in

Hegel.
Stich von Bollinger
nach Xeller

seinem Essay «Politics» das Staatsverständnis der amerikanischen Transzendentalisten.

Für Emerson war es schlichtweg ein Unding, den Staat dem Bereich des Göttlichen und damit der Sittlichkeit zuzurechnen, denn am Göttlichen, der Allseele, konnten nur beseelte Lebewesen, nicht aber Institutionen und Organisationen Anteil haben. Der Mensch war bereits von Natur aus zu sittlichem Handeln fähig, er wurde nicht erst durch den Staat zu einem moralischen Lebewesen. Der Staat konnte nach Emersons Auffassung bloß dem Bereich der Zweckmäßigkeit bzw. der Nützlichkeit zugeordnet werden: Er war ein von den Menschen geschaffenes Hilfsmittel, welches das Leben bequemer und sicherer machen sollte, aber er war nicht in der Lage, den Menschen moralisch zu bessern. Dennoch richtete Emerson an den Staat die Forderung, nicht nur die zweckmäßigere Gestaltung des menschlichen Lebens zu fördern, sondern auch der moralischen Besserung der Bürger zu dienen. Diese Inkonsequenz Emersons hatte mit der Unfähigkeit aller Transzendentalisten zu tun, sich vollständig vom puritanischen Erbe Neuenglands zu lösen. Der Puritanismus hatte dem Staat nämlich die Rolle des «guten Verwalters» zugewiesen: In den auf die Gebote der Bibel gegründeten puritanischen Theokratien sollte der Staat der weltliche Arm der geistlichen Obrigkeit sein. Seine Aufgabe bestand darin, die Bürger notfalls zu einem «heiligmäßigen» Lebenswandel zu zwingen.

Während der puritanische Staat der Schaffung einer Bürgerschaft aus «Heiligen» zu dienen hatte und vor dem Jüngsten Gericht nicht überflüssig werden würde, forderte Emerson vom Staat, die Heranbildung von «Weisen» zu fördern, das heißt von geistig und moralisch reifen Bürgern, die zur Selbstregierung fähig waren und daher des Staates nicht mehr bedurften. In dem Augenblick, wo die große Mehrheit der Bürger aus «Weisen» bestand, verlor der Staat für Emerson seine Existenzberechtigung. Der Transzendentalismus ging also – anders als der Puritanismus – von einer diesseitigen Vervollkommnungs- und Selbsterlösungsfähigkeit des Menschen aus.

Was nun die bestehenden Staaten betraf, so hatten sie nach Emersons Urteil sämtlich bei der Erfüllung ihrer Aufgabe, «weise Bürger» heranzubilden, versagt. Weil seiner Auffassung nach alle bestehenden Staaten korrumpiert waren, ermahnte Emerson die moralisch reifen Bürger (und natürlich nur diese), den staatlichen Gesetzen nicht bedingungslos zu gehorchen, sondern in ethischen Angelegenheiten stets der Stimme des Gewissens Folge zu leisten. Statt Ehrfurcht vor dem Staat lehrte er also ein gesundes Mißtrauen gegenüber allen obrigkeitlichen Institutionen. Da der Staat als sittliches Erziehungsinstrument versagte, mußte sich der Mensch primär durch ständige Selbstreform sittlich vervollkommnen.

Der junge Thoreau übernahm dieses negative Staatsverständnis von Emerson. Weil er sich außerdem schon mehr oder weniger den Emersonschen «Weisen» zurechnete, glaubte er, des Staates bereits nicht mehr zu bedürfen, ja, sich vor dessen korrumpierenden Einflüssen in acht nehmen zu müssen. Staat und Politik konnten auf dem Wege zur vollkommenen Selbstverwirklichung nur hinderlich sein. Konsequenterweise kümmerte er sich daher nicht um die Politik und ging auch erst gar nicht zur Wahl, denn: *Was Politik genannt wird, ist etwas vergleichsweise so Oberflächliches und Un-Menschliches, daß ich praktisch niemals recht zur Kenntnis genommen habe, daß sie mich überhaupt betrifft.*[96] Hieraus leitete er die Forderung ab: *Jene Dinge, welche jetzt die Aufmerksamkeit der Menschen am meisten beanspruchen, wie Politik und Alltagsroutine, sind zweifellos lebensnotwendige Funktionen der Gesellschaft, doch sollten sie sich unmerklich vollziehen wie die entsprechenden Körperfunktionen. Sie sind sub-human ...*[97]

Der damals gerade populär gewordene politische Begriff der «internal improvements» diente Thoreau dazu, noch einmal das hinter schillernden Erfolgsmeldungen kaschierte moralische Versagen des Staates zu entlarven. Mit «inneren Verbesserungen», wie der Begriff wörtlich zu übersetzen wäre, meinte man damals eine Vielzahl von staatlichen Infrastruktur-

Québec, 1850. Zeichnung von B. Beaufoy

maßnahmen, wie etwa Straßen- und Kanalbauten. Thoreau deutete den Begriff jedoch moralisch um: Unter «inneren Verbesserungen» wollte er staatliche Maßnahmen verstanden wissen, welche den Bürger innerlich besserten, das heißt die moralische Qualität der Gesellschaft anhoben. In dieser Hinsicht hatten die Regierenden jedoch nur Negatives geleistet. An dieser Kritik zeigt sich deutlich, daß Thoreau die Emersonsche Staatskritik noch verschärft hatte: Die Leistungen des Staates auf dem Gebiet der «Nützlichkeit» zählten für Thoreau überhaupt nicht mehr, er wollte nur noch moralische Beurteilungsmaßstäbe gelten lassen.

Die Kritik an Staat und Politik nahm jedoch erst nach seiner kurzen Festnahme im Jahre 1846 einen gewichtigen Platz in seinen Schriften ein. Diese Kritik richtete sich vor allem gegen die Regierenden und die Richter: *Ich stelle fest, daß die Amtsinhaber – der Gouverneur, der Bürgermeister, der Commissioner, der Marshall usw. – entweder schwächliche oder moralisch rückgratlose Menschen sind ... die sich mit prinzipienlosen und kriecherischen Bediensteten umgeben.*[98] Für das ethische Versagen der amerikanischen Politik machte Thoreau jedoch nicht allein die Amtsinhaber verantwortlich. Wenn der Großteil von ihnen Schufte oder doch zumindest moralisch rückgratlose Menschen waren, dann trugen unter einer demokratischen Verfassungsordnung die Bürger daran ein gerüttelt Maß an Mitverantwortung.

Neben die Kritik an bestimmten politischen Institutionen trat bei Thoreau auch eine Kritik an den Institutionen überhaupt. Ähnlich wie schon Emerson sah Thoreau Institutionen als gesellschaftliche Einrichtungen an, die sich gegenüber ihrem spezifischen Gründungszweck verselbständigt hatten und seither ein parasitäres Dasein führten. Ein Schlüsselerlebnis war für Thoreau sein Besuch in Québec: Hier bemerkte er, daß hinter den dicken Mauern der Festung noch immer ein Wachbataillon Dienst tat. Fast hätte man glauben können, Kanada befände sich noch immer im Kriegszustand, während die vom Steuerzahler unterhaltenen Wachsoldaten doch in Wirklichkeit längst nutzlos geworden waren. In seinem Essay *Die Wälle von Québec* ließ Thoreau die kanadische Festung zum Sinnbild für die parasitäre Tendenz aller menschlichen Institutionen werden.

Thoreaus harsche Institutionen- und Staatskritik wirkte auf die meisten Leser zweifellos überzogen. Dies lag vor allem daran, daß seine pauschale Kritik in einer Gesellschaft vorgetragen wurde, die im Vergleich zum alten Europa, insbesondere zu Großbritannien mit seiner Ehrfurcht vor allem Tradierten, kaum als verkrustet bezeichnet werden konnte und daß Thoreaus Breitseiten gegen den Staat, wie bereits angemerkt, in einer noch nahezu staatslosen Gesellschaft abgefeuert wurden. Versteht man Thoreaus herbe Kritik jedoch weniger im Sinne einer Zustandsbeschreibung, sondern eher als eine negative Utopie, also als Warnung vor gefährlichen Entwicklungen und als Mahnung zur Umkehr in der Tradition der alttestamentarischen Propheten, so zeigt ein Blick auf die heutige Situation – man denke nur an das Entstehen des totalen Staates und an das Ausmaß der Umweltzerstörung –, daß Thoreaus Befürchtungen und warnende Prognosen in vieler Hinsicht frappierend realistisch waren. Diesen seltenen Grad an prophetischer Weitsicht erlangte Thoreau nicht zuletzt dank der Fähigkeit, durch innere Distanz eine «objektive» Beobachterperspektive zu seiner eigenen Gesellschaft zu gewinnen. Die zwei Meilen Distanz zwischen Concord und seiner Hütte am Walden-See waren ein demonstratives Symbol seines ständigen Bemühens um innere Distanz.

Das Leben als Kunstwerk: Thoreaus Theorie und Praxis der Selbstverwirklichung

Thoreau und die übrigen Transzendentalisten gingen übereinstimmend davon aus, daß die amerikanische Gesellschaft moralisch krank sei. Was jedoch die Bestimmung der Krankheitsursachen und die Entwicklung einer geeigneten Therapie betraf, so wich Thoreaus Auffassung deutlich von der Mehrheitsmeinung seiner Freunde ab. Wegen dieser unterschiedlichen Ansichten kam es zu Beginn der vierziger Jahre sogar zu Mißstimmigkeiten und Auseinandersetzungen unter den Transzendentalisten.

Den Anlaß hierfür lieferte der Beginn des Brook Farm-Experiments: George Ripley hatte 1841 mit Amos B. Alcott, Margaret Fuller und zahlreichen anderen Bekannten das «Brook Farm Institute of Agriculture and Education» gegründet, das durch die Schaffung einer autarken Landkommune den zunächst am Ideal des urchristlichen Kommunismus, später aber mehr am Organisationsmodell der «Phalange» des utopischen Sozialisten Charles Fourier orientierten Traum von der idealen Gesellschaft und vom entfremdungsfreien Leben verwirklichen sollte.

Brook Farm war nur eine von vielen utopisch orientierten Kommunen, die damals in Amerika gegründet wurden. Das Entstehen dieser sozialen

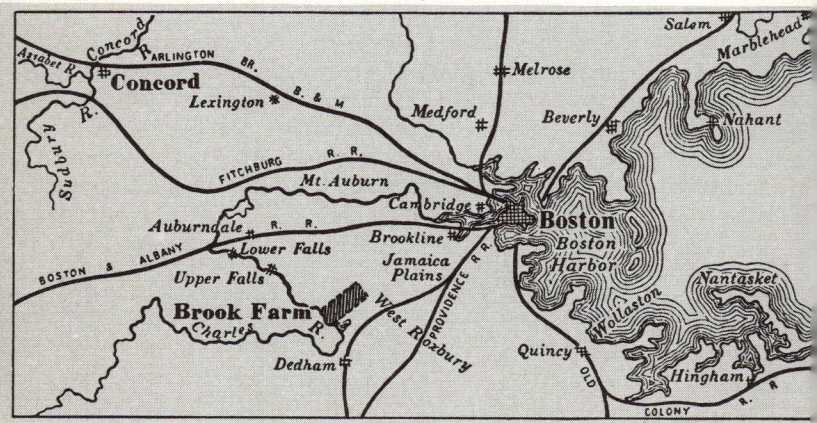

George Ripley

Experimente muß vor dem Hintergrund der Demokratisierungsbewegung der «Ära Jackson» wie auch der Nachwirkungen der «Zweiten Großen Erweckungsbewegung» gesehen werden, die einen enormen sozialreformerischen Impuls gebracht hatten: Zahllose Reformgruppen waren entstanden, sei es zur Abschaffung der Sklaverei, zur Strafrechtsreform, zur Frauenemanzipation, zur Bildungsreform, zur Überwindung der Trunksucht oder auch zur Verbreitung der vegetarischen Lebensweise. In dieses reformerische Milieu waren nun verschiedene europäische Reformer und Sozialutopisten wie etwa Charles Fourier und Robert Owen gestoßen, die frustriert die Alte Welt verlassen hatten, weil die Obrigkeiten dort von revolutionären Sozialexperimenten nichts wissen wollten. Hier in Amerika fanden sie dagegen ein ideales Experimentierfeld vor.

Brook Farm nach einer Zeichnung von M. C. Crawford

Auch Emerson und Thoreau waren eingeladen, als Kommunarden auf der Brook Farm am Aufbau einer idealen Gesellschaft teilzunehmen. Während Emerson dem Unternehmen zunächst positiv gegenüberstand und erst im letzten Augenblick auf eine Beteiligung verzichtete, verhielt sich Thoreau dem Vorhaben gegenüber von Anfang an ablehnend. Zwar begrüßte er es, daß seine transzendentalistischen Freunde nicht bloß Reformideen produzierten, sondern diese auch selbst in die Tat umzusetzen versuchten, aber er sah in ihrem sozialistischen Reformkonzept einen Verrat an der transzendentalistischen Theorie individueller Selbstreform. Wie konnte jemand das Heil von kollektivistischen Organisationsformen erwarten, der bisher immer die autonome Verantwortung jedes einzelnen gepredigt und soziale Mißstände stets auf moralische Mängel der Individuen zurückgeführt hatte? Wenn man ein konsequenter Transzendentalist sein wollte, dann konnte man doch wohl nur den Weg individueller Selbstreform wählen. Falls diese Reform gelänge, würde das eigene Vorbild die Mitmenschen zur Nachfolge dieses Reformwegs anregen und so zu einer Erneuerung der ganzen Gesellschaft führen. Reformen der Gesellschaftsstruktur ohne vorhergehende Selbstreform der Gesellschaftsmitglieder aber mußten, davon war Thoreau überzeugt, unvermeidlich scheitern; ohne bereits reformierte Individuen würde es auch keine reformierte Gesellschaft geben.

Woher konnte nun aber der um Selbstreform bemühte Transzendentalist, der doch in einer kranken Gesellschaft lebte, die Maßstäbe für psychisch-moralische Gesundheit beziehen, auf die er ja bei seinem Reform-vorhaben angewiesen war? Drei Möglichkeiten boten sich ihm. Zum einen konnte er versuchen, einen modernen Sokrates zu finden, der ihm als Freund ein lebendes Vorbild der Selbstverwirklichung sein würde; zum andern konnte ihm die unberührte, unzerstörte Natur als Vorbild dienen, weil sie als Offenbarung der göttlichen Allseele ein Symbol der Ganzheit und Vollkommenheit war, nach der er suchte; und schließlich verfügte noch jeder Mensch in seiner eigenen Psyche über einen transzen-denten Ordnungsquell, der ihm den Weg zurück zur verlorenen Ganzheit weisen konnte, wenn man ihn nur wiederentdeckte: Weil die menschliche Seele in ihren tiefsten Schichten mit der göttlichen Allseele verbunden war, hatte auch jeder Mensch potentiell Anteil am absolut Guten, wo-durch es ihm möglich wurde, sich von der vorhandenen falschen Wertord-nung der Gesellschaft zu lösen und aus sich heraus zu absoluten Werten zu gelangen. Platonische und neuplatonische Einflüsse sind hier deutlich erkennbar.

Thoreau sah anfangs in der Freundschaft den erfolgversprechendsten Weg zur inneren Erneuerung. Dies war naheliegend, weil er ja in Emer-son einen amerikanischen Sokrates gefunden hatte, an dessen wesentlich reiferer Persönlichkeit er sich bei seinem eigenen Streben nach Selbstver-wirklichung orientieren konnte. Voller Enthusiasmus verkündete Tho-reau daher in seinem ersten Buch, das einen längeren Exkurs über die Freundschaft enthielt: *All die Mißbräuche, die das Reformobjekt des Phil-anthropen, des Politikers und des Privatmannes sind, werden in der Freundschaftsbeziehung unbewußt korrigiert.*[99] Diese Auffassung wurde zu Beginn der vierziger Jahre auch von den übrigen Transzendentalisten geteilt, die damals gerade eine intensive Diskussion über das Thema Freundschaft führten.

In der Freundschaft sahen die Transzendentalisten eine Möglichkeit der Versöhnung von Einsamkeit – sie war zur Wahrung der «Reinheit» erstrebenswert – und Gesellschaft, deren der Mensch als ein soziales We-sen zu seiner Selbstverwirklichung nun einmal bedurfte. Daß Thoreau dann allerdings doch die Einsamkeit der Freundschaft vorzog, lag vor allem an der negativen Entwicklung seiner Beziehung zu Emerson, die schon 1842 ihren Zenit überschritten hatte. Schuld an der wachsenden Entfremdung hatten wohl beide: Thoreau hatte ein übersteigertes Eman-zipationsbedürfnis gegenüber seinem Lehrer entwickelt, nachdem er von den übrigen Transzendentalisten wegen seiner Überidentifikation mit Emerson kritisiert worden war; der Meister wiederum war von Thoreaus Desinteresse an einer gesellschaftlichen Karriere enttäuscht; außerdem galt wohl auch für diese Beziehung, was bereits ein anderer Freund über Thoreau gesagt hatte: Man könne genausogut den Ast einer Ulme wie Henry Davids Arm nehmen.

Weil Thoreau nur in seinem verstorbenen Bruder eine reale Verkörpe-

Der Bruder:
John Thoreau, Jr.,
gemalt von seiner
Schwester Sophia

rung des Ideals vom *Freunde, der mit der Natur harmoniert*[100], gefunden hatte, wandte er sich enttäuscht von seinen transzendentalistischen Freunden ab und der Natur selbst zu. In ihr fand er einen Freund und eine Braut, welcher man nicht den Preis zu entrichten hatte, der für eine echte Freundschaft oder eine mustergültige Ehe unerläßlich war: *Der Preis der Freundschaft ist die totale Aufgabe deiner selbst: keine Zuneigung geringerer Art, keine normalen Aufmerksamkeiten oder Geschenke können sie erwerben.*[101]

Insofern war es auch kein Zufall, daß Thoreau für sein Experiment radikaler Selbstreform die Einsamkeit in der Natur wählte. Hier offenbarte sich die gesuchte verlorene Ordnung. Wenn der Mensch sich ganz dem Vorbild der unberührten Natur anvertraute, würde er den Weg zur Wiedererlangung der Ganzheit seines bislang geteilten Selbst finden: *Ich glaube, daß es in der Natur eine Art von kunstvollem Magnetismus gibt, der uns auf den rechten Weg führen wird, wenn wir uns ihm nur unbewußt fügen.*[102]

Ursprünglich hatte Thoreau eher aus recht pragmatischen Gründen mit dem Gedanken gespielt, sich eine Zeitlang in die Einsamkeit zurückzuziehen. In der väterlichen Bleistiftmanufaktur, so hatte er geklagt, fühle er sich wie der griechische Gott Apollo, als dieser einst bei König Admetus Schafe gehütet habe. Die sich verschärfenden theoretischen Auseinandersetzungen unter den Transzendentalisten um das richtige Reformkonzept ließen diese pragmatischen Gründe jedoch in den Hintergrund treten. Thoreau wollte sich nun vor allem in die Einsamkeit zurückziehen, um die Richtigkeit seines Konzepts radikaler Selbstreform unter Beweis zu stellen.

So kam es dazu, daß Mitte der vierziger Jahre des vergangenen Jahrhunderts in Massachusetts zwei konkurrierende Reformexperimente durchgeführt wurden: Thoreaus radikal individualistisch angelegtes Walden-Experiment und das kollektivistisch ausgerichtete Brook Farm-Experiment der Anhänger Fouriers unter den Transzendentalisten. Die unterschiedlichen theoretischen Ansätze, auf denen beide Experimente beruhten, hat Thoreau so umschrieben: *Der eine sagt, er wolle sich selbst*

Verpackung für Bleistifte aus der Thoreauschen Manufaktur

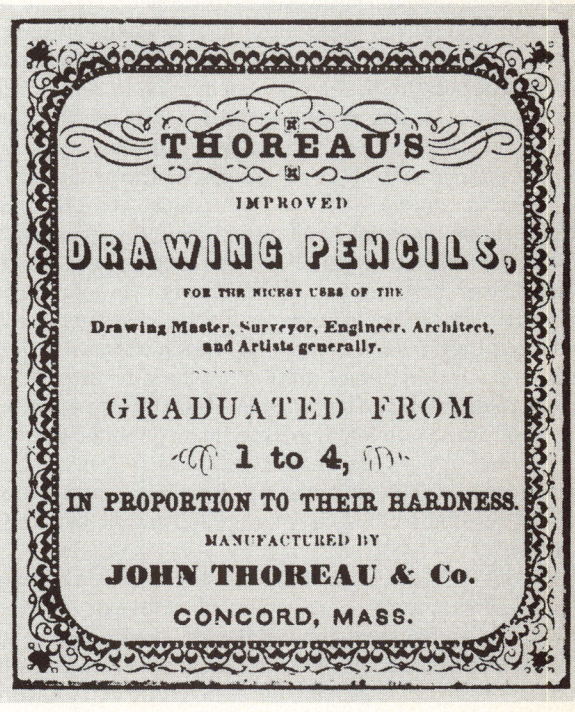

THOREAU'S

IMPROVED

DRAWING PENCILS,

FOR THE NICEST USES OF THE

Drawing Master, Surveyor, Engineer, Architect, and Artists generally.

GRADUATED FROM

1 to 4,

IN PROPORTION TO THEIR HARDNESS.

MANUFACTURED BY

JOHN THOREAU & Co.

CONCORD, MASS.

reformieren, dann wären auch Natur und Lebensumstände wieder in Ord-
nung. Der andere will die Natur und die Lebensumstände reformieren,
denn dann wäre auch der Mensch wieder in Ordnung.[103]

Thoreaus Freunde und Bekannte hatten ihm damals vorgehalten, seine radikal individualistische Interpretation des transzendentalistischen Reformkonzepts werde nicht zu der erhofften totalen Selbstbestimmung, sondern zum psychischen, im Extremfall sogar zum physischen Selbstmord führen. Außerdem wurde ihm vereinzelt vorgeworfen, sein Rückzug in die Einsamkeit entspringe doch nur dem Wunsch, den Problemen des Alltagslebens zu entfliehen, und seine Absage an die Brook Farm-Kommune sei Ausdruck von Egoismus. Diesem Druck der Mehrheitsmeinung wollte Thoreau jedoch nicht nachgeben. Er entgegnete: *Wenn ein Mensch nicht im Gleichschritt mit seinen Kameraden marschiert, dann vielleicht deshalb, weil er einen anderen Trommler hört. Laßt ihn doch der Musik folgen, die er hört, – in welchem Takt oder aus welcher Ferne sie auch kommen mag.*[104]

Emerson warf Thoreau vor, er habe den Einsamkeitsbegriff seines Lehrers völlig mißverstanden: Wenn er das Streben nach Einsamkeit propagiert habe, so sei es ihm dabei immer nur um ein Streben nach i n n e r e r Distanz zur kranken Gesellschaft gegangen. Thoreau aber war damals der Auffassung, mit einer bloß theoretischen Distanzierung von einer moralisch verseuchten Gesellschaft ließe sich auf Dauer die eigene «Reinheit» nicht bewahren, solange man in praxi in einer solchen Gesellschaft leben müsse. In dem expandierenden kapitalistisch-industriellen System mit seinen ungeheuren Verlockungen und kaum umgehbaren Sachzwängen würde der Mensch seine moralische Integrität nicht bewahren können. Nur der innere u n d äußere Ausbruch aus diesem System durch die Rückkehr zu einer vor-kapitalistischen und vor-industriellen Ökonomie der Selbstversorgung würde es dem Menschen ermöglichen, sich weiterhin selbst zu bestimmen. Die Läuterung vom moralischen Schmutz der Umwelt müsse daher in radikaler Konsequenz durchgeführt werden: *Das positivste Leben, das die Geschichte kennt, ist seit jeher immer ein ständiger Rückzug aus dem Leben, ein Reinwaschen der eigenen Hände angesichts seiner Gemeinheit und der Wunsch, damit nichts zu tun zu haben . . .*[105] Mit Egoismus habe sein Walden-Experiment ganz und gar nichts zu tun, denn er beabsichtige ja, schriftstellerisch tätig zu sein: Als dichtender «Eremit» könne er aber sowohl seine «Reinheit» wahren wie gleichzeitig mit seinen Veröffentlichungen reformerisch auf die kranke Gesellschaft einwirken.

Mit der Wahl des Unabhängigkeitstages für den Beginn seines Walden-Experiments machte Thoreau deutlich, daß seine zentralen Ziele die Loslösung aus vielfältigen Abhängigkeiten, die Befreiung aus einer Art von Sklaven-Status und die Wiedererlangung echter Selbstbestimmung waren. Die knapp zwei Meilen, die seine Hütte von Concord trennten, sollten die innere Distanz symbolisieren, die sich zwischen ihm und der moralisch kranken amerikanischen Gesellschaft befand – aber im Unterschied zu Emerson (der immerhin so tolerant gewesen war, ihm sein Grundstück am Walden-See kostenlos zur Nutzung zu überlassen) sollte ihn zugleich auch eine physische Distanz vor dieser Gesellschaft schützen. Auf sich selbst gestellt, wollte er in Form einer Selbstversorgungswirtschaft vormoderner Einfachheit eine alternative Lebensweise entwickeln. Sie sollte die Grundlage einer neuen, entfremdungsfreien Gegenzivilisation zum entstehenden «American way of life» bilden.

In dieser Hinsicht mißlang Thoreaus Walden-Experiment aber letztlich genauso wie das Brook Farm-Experiment, dessen Kommunarden es nicht gelang, das Fundament für eine völlig neu organisierte, entfremdungsfreie Gesellschaft zu legen. Die Verwirklichung der hehren Zielsetzungen des Brook Farm-Experiments, das nach den Worten des Kommunarden Charles Dana nicht weniger verwirklichen sollte als «das Himmelreich auf Erden» [106], scheiterte allein schon an dem ausgeprägten Individualismus und an der landwirtschaftlichen Unbedarftheit der Brook-«Farmer». Zu den zeitweiligen Mitgliedern von Brook Farm gehörte übrigens auch der Dichter Nathaniel Hawthorne, der seine damaligen Erlebnisse in den Roman «The Blithedale Romance» einfließen ließ.

Thoreaus Walden-Experiment scheiterte als ökonomisches Unternehmen hingegen daran, daß sich die Rückkehr zu einer primitiven Selbstversorgungswirtschaft und die Realisierung totaler Unabhängigkeit als undurchführbar erwiesen. Bezeichnenderweise begann Thoreau sein

Thoreaus Hütte am Walden-See (Nachbildung)

Nathaniel Hawthorne

Experiment zivilisatorischer Unabhängigkeit damit, daß er sich eine Axt auslieh. De facto vermochte er mit seiner amateurhaft betriebenen Landwirtschaft niemals einen hinreichend großen und vielfältigen Ertrag zu erwirtschaften, der auf Dauer eine echte Selbstversorgung sichergestellt hätte. Dies war für ihn ja auch kein echtes praktisches Problem gewesen, da der Kochtopf der Mutter nur einen Spaziergang entfernt war.

Obwohl also beide Experimente scheiterten, erkannten die meisten Brook Farm-Transzendentalisten später doch an, daß Thoreau im Gegensatz zu ihnen dem individualistischen Ansatz der transzendentalistischen Theorie treu geblieben war. So bekannte etwa Amos B. Alcott neidlos: «[Thoreau war] der Unabhängige der Unabhängigen ... der einzige Unterzeichner der Unabhängigkeitserklärung und eine Revolution in seiner eigenen Person.»[107]

Aber nicht nur dieses Gefühl, der konsequentere Transzendentalist gewesen zu sein, machte es Thoreau relativ leicht, das ökonomische Scheitern seines Experiments zu verkraften. Vielmehr hatten ganz unerwartete Erfahrungen in der Walden-Zeit den ökonomischen Aspekt des Experiments immer mehr in den Hintergrund treten lassen. Dieser Perspektivenwechsel spiegelt sich in den sieben verschiedenen Fassungen von *Wal-*

den deutlich wieder. Das vom Autor als angeblicher Erfolg präsentierte ökonomische Experiment ist in der Endfassung im wesentlichen auf das Anfangskapitel *Ökonomie* reduziert, wo es zusammenfassend heißt: *Aus meiner zweijährigen Erfahrung lernte ich, daß selbst auf unserem Breitengrad das tägliche Brot mit unglaublich wenig Mühe beschafft werden und daß ein Mensch so einfache Nahrung verwenden könnte wie die Tiere und doch gesund und kräftig bleiben würde.*[108] In dem Gesamt-Resumee jedoch, das er im Schlußkapitel seines Buches vom Walden-Experiment gibt, ist die ursprünglich so wichtige ökonomische Dimension völlig von anderen Gesichtspunkten überlagert:

Das eine wenigstens lernte ich durch mein Experiment: wenn jemand vertrauensvoll in Richtung seiner Träume vorwärtsschreitet und danach strebt, das Leben, das er sich vorgestellt hat, zu leben, so wird er einen Erfolg haben, von dem er sich in gewöhnlichen Stunden nichts erträumen ließ. Er wird manches hinter sich lassen und eine unsichtbare Grenze überschreiten. Neue, universelle und freiere Gesetze werden sich um ihn herum und in ihm zu bilden beginnen, oder die alten Gesetze werden erweitert und zu seinen Gunsten in einem freieren Sinne ausgelegt werden, und er wird mit der Freiheit einer höheren Seinsordnung leben. In dem Verhältnis, wie er sein Leben vereinfacht, werden die Gesetze des Universums weniger verworren erscheinen, und Einsamkeit wird nicht Einsamkeit, Armut nicht Armut, Schwäche nicht Schwäche sein. Wenn du Luftschlösser gebaut hast, so braucht deine Arbeit nicht verloren zu sein. Genau dort sollten sie sein. Jetzt lege die Fundamente darunter![109]

Tatsächlich waren die beiden Jahre am Walden-See für Thoreau zu

Vermessungskarte des Walden-Sees, gezeichnet von Thoreau

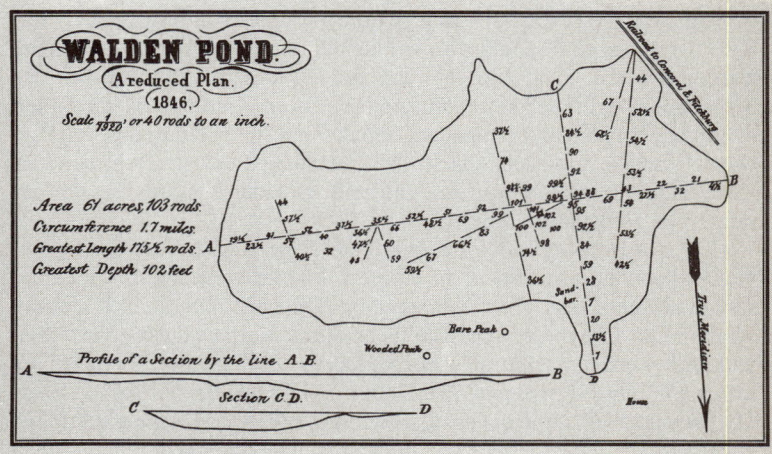

einer innerlich reichen Zeit geworden. Erst hier hatte er die schwere seelische Krise bewältigen können, in die ihn der plötzliche Tod seines Bruders gestürzt hatte. Hier gelang es ihm, die zerstörerische Kraft seines maßlosen Schmerzes durch einen mühevollen Prozeß der Trauerarbeit in schriftstellerische Kreativität umzuwandeln. Die entscheidende Hilfe für die Bewältigung dieser Krise war ihm dabei nicht von seinen Mitmenschen zuteil geworden, vielmehr hatte Thoreau in der Tiefe seiner eigenen Psyche einen unerschöpflichen Kraftquell entdeckt, der es ihm ermöglichte, über sein Leid und seine totale Niedergeschlagenheit hinauszuwachsen. Der Aufenthalt am Walden-See war so zu einer Zeit erfolgreicher Selbst-Therapie geworden. Dies war der unverhoffte Erfolg seines Walden-Experiments.

Daher richtete Thoreau *Walden* auch nicht mehr primär an die fourieristischen Transzendentalisten, sondern *in erster Linie an die Masse all der Menschen, die unzufrieden sind und vergeblich die Härte ihres Schicksals oder der Zeiten beklagen, wo sie doch daran etwas verbessern könnten* [110]. Der großen *Masse von Menschen in stiller Verzweiflung* [111] wollte Thoreau die Erfahrungen seines erfolgreichen Experiments der Selbst-Findung und Selbst-Heilung zugänglich machen und ihnen seine eigene Erkenntnis vermitteln, daß nicht die Schaffung vermeintlich paradiesischer äußerer Lebensbedingungen, sondern erst die Entfaltung des seelischen Potentials den Menschen seine Entfremdung überwinden läßt. *Walden* sollte ihnen hierbei als spiritueller Führer zurück zur verlorenen Ganzheit dienen.

Vor allem drei zentrale Einsichten, die er bei seinem Walden-Experiment gewonnen hatte, wollte Thoreau in seinen Schriften an die Mitmenschen weitergeben. Zum einen die Erkenntnis, daß Glück und innere Ganzheit, nach denen alle Menschen letztlich streben, nicht wie ein Gegenstand ein für allemal erworben werden können, sondern in einem unablässigen Prozeß der Selbstverwirklichung immer wieder neu errungen werden müssen. Zum anderen, daß der Selbstheilungsprozeß mit der Selbstsuche beginnen mußte: Wer seine verlorene Ganzheit wiederfinden wollte, mußte zunächst einmal das unbekannte Reich seiner eigenen Psyche erforschen. Und schließlich, daß unablässige Selbstreform zu einer «Wiedergeburt» des Menschen, das heißt zu einer Neuordnung der gesamten Persönlichkeit, führte.

Thoreaus Bemühen, den Leser auf den Prozeß-Charakter der Selbstverwirklichung aufmerksam zu machen, kommt vielleicht am deutlichsten in seinem Essay *Vom Wandern* zum Ausdruck. Damit auch hier die symbolische Ebene der Aussage nicht durch wortwörtliches Verstehen verkannt werde, warnte er: *Das Wandern, von dem ich spreche, hat nichts mit dem sogenannten Sich-Bewegung-Verschaffen zu tun ... Wenn Du Dich wirklich im Wandern üben willst, dann mach Dich auf die Suche nach dem Quell des Lebens.* [112] Durch sprachgeschichtliche Ableitungen machte Thoreau sodann sein ganz spezifisches Verständnis des *Wanderns* deutlich: Es war dasjenige vom Leben als Pilgerreise zu einem jenseitigen Ziel. Der *Wanderer* war der Selbstverwirklicher, der sein Leben lang nach Selbstvervollkommnung strebte. Wenngleich das Ziel der Vollkommenheit für den Menschen hier auf Erden unerreichbar war, so gab doch das unablässige Streben danach dem menschlichen Leben Sinn und Richtung, ja es ließ überhaupt erst den Vollmenschen entstehen.

Die Überzeugung Thoreaus, daß erst ein transzendentes Ziel das Leben des Menschen sinnvoll mache und erfülle, kommt auch schon in dem nachfolgenden frühen Gedicht zum Ausdruck:

> *Leben? – Freunde, sagt wozu?*
> *Ist doch dies Leben nur ein nutzlos langer Krieg,*
> > *ein Frieden voller Plagen.*
> *Heut' gäb' ich nicht mein schwächstes Ja dazu,*
> *– Und sei es selbst zu sicherstem Behagen.*
>
> *Soll'n wir das Jahr hier auszusitzen schwören*
> *Auf seiner staubbedeckten Eb'ne in bequemen Zelten*
> *Und dann vielleicht die Hornsignale überhören,*
> *Die Zelte abzubrechen, – zu wandern hin zu neuen Welten?*
>
> *Oder den steilen Hang hinauf*
> *Die schwere Last des Trosses der Natur nun schleifen?*
> *Nutzlos, gewiß, doch unsrer Hoffnung nicht beraubt,*
> *In weiter Ferne einen himmelwärts geleg'nen Hügel zu erreichen.*
>
> *My friends, why should we live?*
> *Life is an idle war, a toilsome peace;*
> *To-day I would not give*
> *One small consent for its securest ease.*
>
> *Shall we out-wear the year*
> *In our pavilions on its dusty plain*
> *And yet no signal hear*
> *To strike our tents and take the road again?*
>
> *Or else drag up the slope*
> *The heavy ordnance of nature's train?*
> *Useless but in the hope,*
> *Some far remote and heavenward hill to gain.*[113]

Die zweite wichtige Erkenntnis, die Thoreau auf Grund seines Walden-Experiments seinen Mitmenschen vermitteln wollte, war diejenige, daß der Prozeß der Selbst-Reform mit der Erforschung des eigenen Selbst beginnen muß. Wer den Zustand der Selbst-Entfremdung überwinden wollte, der mußte zunächst sein wahres, «höheres» Selbst wiederentdecken und seine Persönlichkeit dann von diesem Ordnungsquell neu formen lassen. Die Erforschung der menschlichen Psyche galt damals jedoch als völlig irrelevant, denn die amerikanische Zivilisation richtete alle ihre Kräfte auf die Erforschung der Außenwelt, von deren Beherrschung man sich das Paradies auf Erden erhoffte.

In einem solchen zivilisatorischen Umfeld waren die meisten Menschen, selbst die gutwilligen, wahrscheinlich zur Entdeckung ihres Innern unfähig. Sie bedurften eines Führers auf der Reise in die Tiefen ihres Bewußtseins, um jenseits der Schichten des Unterbewußtseins ein Unbewußtes entdecken zu können, das als absolutes Bewußtsein, als *Bewußtsein Gottes*[114] erfahren wurde. Führer auf dieser Reise in die Innenwelt bis hin zur Entdeckung des transzendenten Ordnungsquells, an dem die Psyche jedes Menschen teilhatte, wollte Thoreau selbst sein, nachdem er die Abgeschiedenheit des Walden-Sees vor allem zur Erforschung seiner Psyche genutzt hatte.

Sein erstes Buch, *Eine Woche auf dem Concord und Merrimack*, sollte ein Wegweiser zur Selbst-Entdeckung sein. Er kleidete die innere Entdeckungsreise, die zu dem transzendenten Ordnungsquell in der menschlichen Psyche hinführen sollte, in das Symbol einer Suche nach den Quellen des Concord und Merrimack. Insofern wurde der Bericht über jene banale Bootsfahrt, die er 1839 mit seinem Bruder unternommen hatte, nun tatsächlich, wie er es formulierte, zu einem *ungewöhnlichen Unternehmen*[115], denn die Flußreise war zugleich eine innere Reise auf dem Strom des eigenen Bewußtseins zu dessen transzendentem Ursprung hin.

Die Tatsache, daß von diesem Buch nur 219 Exemplare verkauft wurden, zeigt jedoch, daß die zeitgenössischen Leser die symbolische Botschaft völlig verkannten. Sie sahen in dem Buch nur eine der üblichen Reisebeschreibungen, die sich allenfalls noch negativ durch ihre Langweiligkeit und das Stören der Erzählung durch Einfügung scheinbar themafremder philosophischer Diskurse sowie zahlloser offenbar zusammenhangloser Zitate von anderen Reisebeschreibungen unterschied. Daß Thoreaus Buch ein komplexer Konstruktionsplan zugrunde lag, der unter anderem die Wochentags-Kapitel mit den sieben «Devayana»-Meditationsstufen der Brahma-Sutras parallel setzte und zahlreiche hinduistische Symbole verwendete, um auf die innere Reise hinzuweisen, dürfte allenfalls von einigen seiner transzendentalistischen Freunde bemerkt worden sein.

Während die meisten Leser nur zur Kenntnis nahmen, daß die beiden Reisenden von Concord in Massachusetts nach Concord in New Hampshire und von dort aus nach Concord, Mass. zurückgelangt waren, hätten sie nach Thoreaus Absicht erkennen sollen, daß die Reisenden das heimatliche Concord als *Hafen der Einfahrt und der Ausfahrt für die Körper wie auch für die Seelen der Menschen*[116] benutzt hatten und daß ihre innere

Entdeckungsreise mit dem Erreichen von *Neu-Concord* (Concord, N. H.), das heißt der wiedergewonnenen inneren Ganzheit (lat.: concordia) belohnt worden war, die es den Reisenden ermöglichte, mit einer ganz neuen Weltsicht, verändert *von einer vergleichsweise engen und partiellen, sogenannten common-sense Sicht der Dinge zu einer unendlich weiten und befreienden Perspektive*[117], in ihre alte Heimat zurückzukehren.

Der in der Selbstentfremdung lebende Mensch war nach Thoreaus Auffassung dadurch charakterisiert, daß er sich von anderen Kräften als dem transzendenten Ordnungsquell seiner Psyche leiten ließ, etwa von seinen animalischen Trieben oder von den Wertmaßstäben einer moralisch kranken Gesellschaft. Solche Menschen hatten ihr inneres Ordnungszentrum nicht etwa verloren – es gehört zum Wesen des Menschen –, sondern gleichsam vergessen. Dies lag vor allem an einer Zivilisation, die all ihren Einfluß darauf ausrichtete, *diesen niederen Zustand komfortabel zu machen und jenen höheren vergessen zu lassen*[118]. Das wahre Wesen der meisten Menschen «schlief» und mußte erst durch äußeren Anstoß zu neuem Leben erweckt werden. In *Walden* beschrieb Tho-

Blick auf den Concord-Fluß

reau diesen Zustand mit der alten indischen Parabel vom ausgesetzten Prinzensohn, der – von einem Waldbauern aufgezogen – sich selbst für einen Waldbauern hielt, bis ihm ein Diener seines Vaters seine königliche Abstammung offenbarte. Thoreau wollte seine Mitmenschen erkennen lassen, daß auch sie ein höheres Selbst, einen göttlichen Wesenskern und damit einen Ordnungsquell besaßen, der ihnen die Überwindung ihrer Entfremdung ermöglichen konnte. Daher stellte Thoreau *Walden* bewußt in die große, erweckerische Tradition Neuenglands: *Wie schon gesagt, beabsichtige ich nicht, eine Ode an die Hoffnungslosigkeit zu singen, sondern kraftvoll wie der Hahn am frühen Morgen auf seiner Stange zu krähen, und sei es nur, um meine Nachbarn aufzuwecken.*[119] Seine Zeitgenossen sollten den Trott ihrer Alltagsroutine aufgeben und das Leben als ein noch nicht gewagtes Experiment der Selbstverwirklichung ansehen. Die einmalige Erweckung genügte jedoch nicht, vielmehr mußte sich der erweckte Mensch zeit seines Lebens darum bemühen, «wach» zu bleiben: *Moralische Reform ist das Bemühen, den Schlaf abzuschütteln.*[120]

In spirituell-moralischem Schlaf zu sein, hieß auch, Schein mit Sein, vorherrschende Unwerte mit wirklichen Werten zu verwechseln, denn nur wenn die ordnende Kraft des höheren Selbst wirksam war, hatte der Mensch tatsächlich Anteil am Sein, das heißt an der vollkommenen Wirklichkeit und am Reich absoluter Werte. Die meisten seiner Mitmenschen, so mußte Thoreau feststellen, hatten diese Fähigkeit jedoch nicht entfaltet: *Ich bemerke, daß wir Einwohner Neuenglands ein so schäbiges Leben führen, weil unser Blick nicht die Oberfläche der Dinge durchdringt. Wir meinen, daß ist, was nur zu sein scheint.*[121] Selbst-Suche war daher immer gleichbedeutend mit Wirklichkeits-Suche, Umkehr vom Schein zum Sein, und hierzu forderte Thoreau in *Walden* seine Leser auf: *Laßt uns haltmachen und uns sodann durch den Schlamm und Schmutz von Meinungen, Vorurteilen, Traditionen, von Täuschungen und Illusionen, kurz durch die Oberflächenschicht, welche den Erdball bedeckt, durch Paris und London, durch New York, Boston und Concord, durch Kirche und Staat, durch Dichtung, Philosophie und Religion hindurchgraben, bis wir auf harten Boden und Fels vordringen, zu einem Ort, den wir WIRKLICHKEIT nennen, und von dem wir sagen können: «Dies ist, und daran gibt es keinen Zweifel».*[122]

Die Wiederentdeckung des höheren Selbst des Menschen, verbunden mit dem ständigen Bemühen, seine ganze Persönlichkeit durch diesen transzendenten Kraftquell ordnen zu lassen, führten zu einer fundamentalen Erneuerung der Persönlichkeit, die geradezu einer «Wiedergeburt» gleichzusetzen war. Eine solche innere Wiedergeburt hatte Thoreau ja selbst erlebt, als er am Walden-See seine schwere innere Krise überwand. Die «Wiedergeburt», zu der Thoreau nun auch seine Mitmenschen durch *Walden* hinführen wollte, war für ihn daher kein leeres Versprechen, son-

dern besaß ihr reales Fundament in der Entdeckung eines ebenso unerschöpflichen wie unerklärlichen Ordnungsquells in seiner eigenen Psyche.

Da es sich bei der «Wiedergeburt» um einen inneren Prozeß handelte,
beschrieb Thoreau sie in der Sprache der Natursymbolik. In den Metaphern der winterlich abgestorbenen Natur und des Wiederanbrechens des
Frühlings schilderte er den Prozeß seiner eigenen inneren Wiedergeburt,
wie er ihn in der Walden-Zeit erlebt hatte. Mit zahlreichen Läuterungs-
symbolen (z. B. mit dem Reinigen der für den Kaminbau vorgesehenen
Steine) versuchte er seinen Lesern zu zeigen, wie der Mensch sich durch
das, was der große neuenglische Theologe Jonathan Edwards einst die
«Vorbereitung des Herzens» genannt hatte, für das Überstehen des inneren Winters, einer dem Anbruch der Fülle vorausgehenden Zeit psychi-
scher Krise, rüsten könne und müsse.

Der schon für die Puritaner so zentrale Begriff der Läuterung wurde
durch Thoreau von seiner Verengung auf sexuelle Prüderie befreit und ins
Grundsätzliche umgedeutet. Streben nach «Reinheit» bedeutete für ihn

Titelseite des «Walden»-Manuskripts

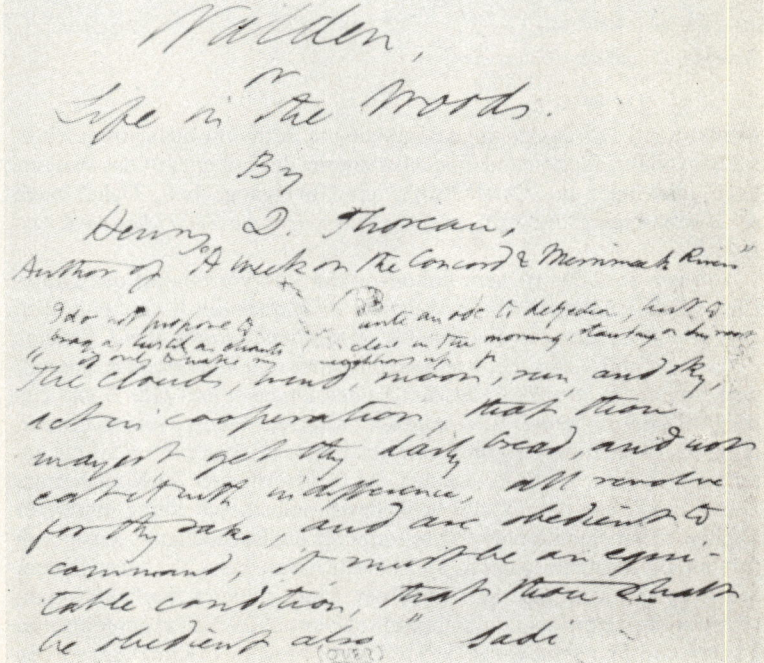

Tauendes Eis auf dem Walden-See

nichts anderes als das ständige Bemühen um Befreiung aus selbstgeschaffenen Abhängigkeiten und eine Ausrichtung des Lebens auf das Wesentliche, das heißt die Orientierung am Unvergänglichen. Daher auch seine wortspielerische Aufforderung: *Lies nicht die ZEIT, lies die Ewigkeit.*[123]

Thoreau spezifizierte sein unkonventionelles Verständnis der Läuterung durch den Begriff *Einfachheit* bzw. *Vereinfachung.* So rief er in *Walden* seinen Lesern zu: *Einfachheit, Einfachheit, Einfachheit! Betreibe Deine Geschäfte, sage ich, wie zwei oder drei statt hundert oder tausend; statt bis zur Million zähl' nur zum halben Dutzend und führ Deine Geschäftsbücher auf dem Daumennagel.*[124] Wenn der Mensch seine Entfremdung überwinden wollte, mußte er ein anderes Leben führen als die geschäftstüchtigen Yankees, die nur das Geldverdienen im Kopf hatten. Durch freiwillige Armut, das heißt durch Selbstbescheidung, mußte er sich äußerlich einen größeren Freiraum für die Befriedigung geistig-kultureller Bedürfnisse schaffen und innerlich den Versuch unternehmen, alle störenden Einflüsse der Sinne, der Triebe und des Intellekts auszuschalten, um tief in seinem Unbewußten das höhere Selbst entdecken zu können und dann seine ganze Persönlichkeit von diesem Kraftzentrum neu ordnen zu lassen. Eine solche Neuordnung verglich er mit dem Aufbruch des Eises, das einen Winter lang den Walden-See – Symbol des menschlichen Selbst – bedeckt hatte. *Walden war tot und ist wieder lebendig.*[125] Dies war die Erfahrung, die Thoreau seinen Lesern in *Walden* vermitteln wollte, und dies war das Versprechen, das er ihnen zu geben bereit war, wenn sie nur seinem Beispiel der Selbst-Erneuerung folgen würden.

Fakten sollten meinen Bildern nur als Rahmen dienen; sie sollten nur Material für die Mythologie sein, die ich schreibe.[126] Im Sinne dieser Tage-

«Ein idealer Thoreau».
Zeichnung von
Daniel Ricketson

bucheintragung interessierte sich der größte Teil von Thoreaus Publikum jedoch nur für den Rahmen, nicht aber für das Bild, das in *Walden* entworfen wurde. Zu den wenigen Zeitgenossen, welche die symbolische Botschaft von *Walden* verstanden, zählte der Rezensent des «National Anti-Slavery Standard», der in einer Besprechung von Thoreaus Buch schrieb: «Wenn die Menschen Thoreaus Beispiel folgen würden und ihren höheren Instinkten mehr Folge leisteten, so würde die Pracht unserer Häuser, unserer Wohnungseinrichtungen, unserer Kleider und unserer Speisetafeln zwar weniger werden; aber wie ärmlich sind doch dergleichen Dinge im Vergleich zu der neuen Größe und Schönheit, in der die Seelen der Menschen dann erstrahlen würden.»[127]

Thoreau hatte die Fakten seines Hütten-Lebens «gefälscht» – etwa indem er zwei Jahre zu einem einzigen zusammenfaßte –, um die symbolische Wahrheit seines Buches deutlicher werden zu lassen: *Walden* sollte ein Mythos erfolgreicher Selbstreform sein, der die Yankees aufrütteln sollte, ihre Kräfte lieber auf die Entfaltung ihres eigentlichen, spirituell-moralischen Selbst zu richten als auf ihre maß- und ziellose Geschäftemacherei, von der Thoreau sagte: *Ich glaube, daß nichts, nicht einmal das Verbrechen, in einem größeren Widerspruch zur Dichtung, zur Philosophie, ja zum Leben steht, als dieses rastlose Business.*[128]

In diesem Sinne sollte *Walden* eine Alternative zu dem eindimensional wirtschaftlich ausgerichteten Leben des Yankee präsentieren, nämlich das Porträt des Selbstverwirklichers, des Menschen voll entfalteter Humanität. Gegenüber dem Ziel, die Vollstatur des Menschen wiederherzustellen, waren die ursprünglichen pragmatisch-wirtschaftsreformerischen Ziele des Walden-Experiments in den Hintergrund getreten. Dies kommt auch in der folgenden Rückschau auf seinen Selbstversuch deutlich zum Ausdruck:

Ich zog in den Wald, weil ich den Wunsch hatte, bewußt zu leben, nur den wesentlichen Tatsachen des Lebens ins Gesicht zu sehen, zu schauen, ob ich nicht lernen könnte, was es zu lehren hätte, damit ich nicht, wenn es ans Sterben ginge, entdecken müßte, daß ich nicht gelebt hätte. Ich wollte nicht all das leben, was nicht Leben war, – das Leben ist so kostbar. Auch wollte ich nicht resignieren, außer wenn es unumgänglich war. Ich wollte tief leben, alles Mark des Lebens aussaugen, so robust und spartanisch leben, daß alles, was nicht Leben war, in die Flucht geschlagen würde. Ich wollte einen breiten Streifen dicht am Boden mähen, das Leben in die Enge treiben und auf seine einfachste Formel bringen; und wenn es sich als gemein erwiese, dann wollte ich seine ganze unverfälschte Gemeinheit herausfinden und sie der Welt mitteilen. Sollte es aber erhaben sein, so wollte ich es aus eigener Erfahrung kennenlernen und imstande sein, bei meinem nächsten Ausflug einen wahren Bericht davon zu geben. Denn die meisten Menschen scheinen mir in einer sonderbaren Ungewißheit darüber zu leben, ob es vom Teufel ist oder von Gott, und etwas voreilig zu der Auffassung

gelangt zu sein, daß es der Hauptzweck des Menschen hier auf Erden sei,
«Gott zu preisen und sich Seiner immerdar zu erfreuen». [129]

Wenn *Walden* also entgegen dem vordergründigen Anschein kein Tat-
sachenbericht über ein kurzes Eremitenleben ist, sondern ein Mythos von
der Befähigung des Menschen zu Selbstreform und Selbstverwirklichung,
so stellt sich doch die Frage, ob hier nur eine abstrakte Wahrheit oder aber
eine am Leben des Autors konkret unter Beweis gestellte existentielle
Wahrheit symbolisch vermittelt wurde. Hatte Thoreau am Walden-See
nur die prinzipielle Befähigung des Menschen zur Selbstverwirklichung
entdeckt oder war er persönlich zu einem Selbstverwirklicher geworden?
Eine Antwort auf diese Frage hängt nicht zuletzt davon ab, was man unter
«Selbstverwirklichung» versteht.

Am ehesten scheint es noch gerechtfertigt zu sein, Thoreau an seinem
eigenen Verständnis von Selbstverwirklichung zu messen. Wenn man diesen in Deutschland schnell zum Modewort gewordenen und daher schon
bald verflachten Begriff benutzt, sollte man im Auge behalten, daß es sich
um eine Übersetzung des amerikanischen Terminus «self-actualizer» han-
delt, der entscheidend von dem Begründer der Humanistischen Psycholo-
gie, Abraham Maslow, geprägt worden ist. Maslow charakterisierte mit
diesem Begriff einen psychisch gesunden, charakterlich reifen Menschen,
der die in ihm angelegten positiven Fähigkeiten zur vollen Entfaltung
bringt. Für einen solchen Menschentyp verwendeten die Neuengland-
Transzendentalisten den Terminus «Held» (hero). Der Begriff «self-actualizer» war ja noch unbekannt, und die Selbstcharakterisierung der Puritaner als «Heilige» hatte den Rückgriff auf dieses alte Wort unmöglich
gemacht. Wenn Thoreau daher von *Helden* sprach, meinte er Selbstverwirklicher: Menschen existentieller Tapferkeit, also Personen, die sich
auch unter schwierigsten äußeren Bedingungen um die volle Entfaltung
ihrer Humanität bemühten. Für dieses Streben nach Vervollkommnung
prägte der Transzendentalist Frederic Henry Hedge den Begriff «Kunst
des Lebens» (art of life). Sich der «Kunst des Lebens» zu widmen, bedeutete jedoch nicht etwa, sich als Lebenskünstler ein angenehmes Leben zu
verschaffen, sondern vielmehr, sich der Entfaltung seiner Spiritualität
und Moralität zu widmen. Durch ständige Arbeit am Selbst sollte das
eigene Leben zu einem Kunstwerk gemacht werden. Diesem Ideal fühlte
sich auch Thoreau verpflichtet.

Die schönste Formulierung findet bei ihm das transzendentalistische
Verständnis von Selbstverwirklichung als künstlerischer Gestaltung des
eigenen Lebens in der Parabel vom Künstler aus Kuru. Dieser indische
Künstler, so heißt es am Ende von *Walden*, habe sich eines Tages entschlossen, einen vollkommenen Stab zu schnitzen und dabei auf die Zeit
keine Rücksicht zu nehmen. So hingegeben habe er sich diesem Ziel gewidmet, daß er nicht bemerkte, wie über seine Arbeit Jahrmillionen ver-
gingen. *Als er die letzte Hand an sein Werk legte, da breitete sich plötzlich*

der Stab vor den Augen des erstaunten Künstlers zur schönsten aller Schöpfungen Brahmas aus. Indem er einen Stab schuf, hatte er ein neues Weltsystem erschaffen, eine Welt vollkommener und schöner Proportionen, in welcher schönere und herrlichere Städte und Dynastien an die Stelle der alten, vergangenen getreten waren. Und nun sah er an dem Haufen von Spänen, die noch frisch zu seinen Füßen lagen, daß für ihn und seine Arbeit das vorangegangene Verrinnen der Zeit eine Illusion gewesen und daß nicht mehr Zeit vergangen war, wie ein einziger Funke aus dem Haupte Brahmas benötigt, um herabzufallen und den Zunder eines Menschenhirns zu entfachen. Das Material war rein, und seine Kunst war rein: wie konnte da das Ergebnis anders als wunderbar sein?[130] Erst durch die Orientierung am Ewigen statt am Vergänglichen, erst durch ein unablässiges Streben nach Vollkommenheit wurde aus dem Leben des selbstentfremdeten Menschen, der nur noch ein «Torso Gottes» (Emerson) war, wieder das kostbare Kunstwerk, in dem das Ebenbild seines Schöpfers erkennbar wurde.

Selbstverwirklichung bewies sich nach transzendentalistischem Verständnis nicht im Reden von Selbstverwirklichung, sondern allein in einer nach Vollkommenheit strebenden Lebenspraxis. Diese Auffassung war in Thoreaus Fall zweifellos auch von der quäkerischen Überzeugung (seiner mütterlichen Verwandtschaft) geprägt worden, daß sich die vom Quäker erstrebte spirituelle Wiedergeburt erst in einem zum Positiven hin veränderten Leben und Handeln unter Beweis stelle. Legt man dieses Echtheitskriterium an Thoreaus Aussagen zur Selbstverwirklichung an, so kann uns die größte Prüfung seines Lebens, sein frühes Sterben, in besonderer Weise Aufschluß darüber geben, inwieweit er die «Kunst des Lebens», die er in seinen Schriften den Mitmenschen vermitteln wollte, selbst erlernt hatte.

Wie schon im biographischen Teil vermerkt wurde, hinterließ der sterbende Thoreau auf seine Besucher einen außerordentlich tiefen Eindruck. Dies geht nicht nur aus den Berichten seiner Schwester hervor, sondern wird auch von Außenstehenden bezeugt. So heißt es etwa in einem Brief von Sam Staples, der Thoreau einst festgenommen hatte: «Niemals sah ich einen Menschen mit so viel Zufriedenheit und Ruhe sterben.»[131] Von Depression oder gar Kapitulation war beim sterbenden Thoreau nichts zu verspüren; dies zeigen nicht nur seine Heiterkeit und sein Friede, sondern vor allem seine Kreativität, denn noch auf dem Sterbebett redigierte Thoreau mit Hilfe seiner Schwester mehrere Essays, darunter auch *Herbstliche Farben*. Dort wird unter anderem über die herbstlichen Blätter gesagt: *Wie wunderschön sie in ihre Gräber gehen! Wie geduldig sie sich niederlegen und zu Erde werden! ... Sie lehren uns, wie wir sterben sollten;* und weiter: *Man fragt sich, ob jemals der Zeitpunkt kommen wird, da sich die Menschen mit ihrem hinausposaunten Glauben an die Unsterblichkeit so graziös und reif niederlegen, ihre Körper mit einer*

Das Haus, in dem Thoreau starb

solch spätsommerlichen Heiterkeit hingeben werden, wie sie dies jetzt mit ihren Nägeln und ihren Haaren tun.[132]

Thoreau bewies in seinem Sterben, daß er keine leeren Worte zu Papier gebracht hatte. Alle Zeugnisse über Thoreaus Sterben lassen sich auf den Nenner des alten Begriffs der «ars moriendi» bringen, der «Kunst des Sterbens». In seiner «ars moriendi» stellte sich aber die «ars vivendi», die «Kunst des Lebens» unter Beweis, nach der er immer gestrebt hatte. Trotz seines frühen Todes, trotz ausgebliebener Anerkennung als Literat konnte Thoreau ohne Verbitterung sterben, ja als jemand, der seine Besucher tröstete, anstatt ihres Trostes zu bedürfen, weil sein Leben gemessen an den rigorosen inneren Maßstäben, die er sich selbst gesetzt hatte, als grandioser Erfolg bewertet werden konnte, denn mehr als seine äußerlich erfolgreicheren Mitbürger war er der Berufung gerecht geworden, die an sie alle ergangen war:

> *Ein jeglich Ding lädt uns, die Erdbewohner, ein,*
> *Das Leben zu ganz unerhörten Höhen anzuheben,*
> *Und so erfüllte Hoffnung dieses Lands zu sein.*

97

Wilder Apfelbaum

All things invite this earth's inhabitants
To rear their lives to an unheard-of height,
And meet the expectation of the land.[133]

Die Frage, ob Thoreau neben selbstgesetzten Maßstäben auch wissenschaftliche Kriterien der Selbstverwirklichung erfüllte, hat eine amerikanische Dissertation unter Rückgriff auf Maslows dreizehn idealtypische
Merkmale des Selbstverwirklichers[134] zu beantworten versucht. Das Re-
sumee der Untersuchungsergebnisse lautet: «Alles in allem gelangt man
zu dem Schluß, daß Thoreau in einem bemerkenswerten Grade Maslows

Selbstaktualisierer verkörpert hat.»[135] Die Übereinstimmung erstreckt sich dabei interessanterweise sowohl auf die positiven Merkmale wie auch auf die typischen Charakterschwächen von Selbstverwirklichern.

Bei seinen umfangreichen psychologischen Untersuchungen hatte Maslow nur wenige Menschen finden können, bei denen die meisten der dreizehn Charakteristika voll ausgeprägt waren. Aus dieser Erfahrung leitete Maslow die Schätzung ab, daß wohl allenfalls ein knappes Prozent der Menschen Selbstverwirklicher seien. Dieser Sonderstellung des Selbstverwirklichers, die ihn leicht zum angefeindeten Außenseiter werden läßt, war sich Thoreau voll bewußt. So verglich er sich beispielsweise mit dem Walden-See, der wegen seines eher unscheinbaren äußeren Erscheinungsbildes von den Bürgern Concords geringgeschätzt wurde, der sich jedoch durch die makellose Reinheit seines Wassers von seinen meisten Nachbarseen abhob und sie dadurch unendlich überragte.

Noch deutlicher drückte Thoreau sein Bewußtsein von der problematischen Sonderstellung des Selbstverwirklichers im Bild des wilden Apfelbaums aus, dem er einen seiner letzten Vorträge widmete. Die Farmer sahen ihn nur ungern auf ihrem Land, weil sich seine Früchte nicht vermarkten ließen. Thoreau aber versuchte in seinem Essay aufzuzeigen, daß an anderen, gerechteren Maßstäben gemessen der wilde Apfelbaum höchste Bewunderung verdiente. Denn bezogen auf die widrigen Umstände, unter denen er seine Äpfel hervorbringen mußte, waren seine Früchte unendlich kostbarer als die faden, auf Massengeschmack getrimmten Äpfel der gehätschelten und gepflegten Bäume in den Obstkulturen der Farmer. Der wilde Apfelbaum war der wahrhafte «Held» unter den Bäumen, denn er demonstrierte die zentrale Eigenschaft des Selbstverwirklichers, nämlich existentielle Tapferkeit, das heißt das Meistern widriger Lebensumstände. Daher ließ sich vom wilden Apfelbaum sagen, was von jedem Selbstverwirklicher galt: *Er hat seine hohe Berufung nicht vergessen und trägt mit Triumph seine eigene, unverwechselbare Frucht.*[136] Nur die wenigen Menschen, die noch einen *wilden Geschmack*[137] besaßen, das heißt nicht wie die Yankee-Farmer nur noch in Profit-Kategorien dachten, vermochten die Frucht des wilden Apfelbaums zu genießen, und nur sie waren in der Lage, den unter unansehnlichem Äußeren verborgenen wahren Wert und inneren Adel dieser kostbaren Frucht zu erahnen: *... vielleicht ist er ja ein verkleideter Prinz.*[138]

Zwischen gewaltlosem Widerstand und revolutionärer Gewalt: Thoreau, der Rebell

In den vorangegangenen Kapiteln war gezeigt worden, daß Thoreau in seinen jungen Jahren hinsichtlich der Diagnose und Therapie der gesellschaftlichen Unordnung dem radikal individualistischen und moralistischen Ansatz des Neuengland-Transzendentalismus gefolgt war: Weil die Mißstände in der amerikanischen Gesellschaft auf die moralischen Mängel der Mehrheit der Amerikaner zurückzuführen waren, bot die Selbstreform aller den einzig erfolgversprechenden Weg zur gesellschaftlichen Erneuerung. Konsequenterweise war der junge Thoreau radikal apolitisch; an Townmeetings und Wahlen nahm er gar nicht erst teil, sondern glaubte, sich wie ein in sich selbst zurückgezogener orientalischer Mystiker nur noch den wichtigeren Dingen des Lebens widmen zu können: *Für einen Menschen, der es gewohnt ist, das Wesen der Dinge zu betrachten, ist die Welt der Politik fast nicht mehr existent. Sie ist unwirklich, unglaubwürdig und nicht mehr von Bedeutung für ihn ...*[139]

Dann aber machte der Staat – in Gestalt des Steuereinnehmers Sam Staples – Thoreau 1846 auf etwas unsanfte Art darauf aufmerksam, daß er nicht schon dadurch zu existieren aufhörte, daß einer seiner Bürger ihn ignorierte. Die Einsicht, die Thoreau während seiner Nacht im Gefängnis gewonnen hatte, formulierte er später so: *Ich hatte der Regierung in meiner Nachbarschaft nie Respekt gezollt, aber ich hatte törichterweise geglaubt, ich könne hier in Ruhe leben und sie einfach vergessen, wenn ich nur meinen eigenen Angelegenheiten nachginge.*[140] So wurde die Nacht im Gefängnis für Thoreau zu einem Schlüsselerlebnis, das seine Einstellung zur Politik mit einem Schlag veränderte: Er gab seine politische Apathie auf und begann, sich aktiv mit der Politik auseinanderzusetzen. Sein Engagement verlief jedoch nicht in den konventionellen Formen einer Beteiligung am demokratischen Leben, sondern begann mit der Propagierung des Zivilen Ungehorsams und endete mit der Rechtfertigung der revolutionären Gewalt John Browns.

Den ausführlichsten Bericht über die Einkerkerung liefert uns Thoreau in seinem weltberühmten Essay *Civil Disobedience (Ziviler Ungehorsam)* – ein Titel, der postum an die Stelle der von Thoreau selbst gewählten Überschrift *Resistance to Civil Government (Widerstand gegen die Staatsregierung)* gesetzt wurde.[141]

Elizabeth Palmer Peabody, in deren «Aesthetic Papers»
Thoreaus Essay «Ziviler Ungehorsam» zuerst erschien

Auf den ersten Blick dürfte dieser Essay dem normalen Leser als ein von rechtsphilosophischen Erwägungen und politisch-moralischen Aufrufen unterbrochener Faktenbericht erscheinen – verfaßt von einem moralisch aufrechten Bürger, den staatliche Strafmaßnahmen trafen, weil er mit seinen Steuern nicht mehr die Sklaverei unterstützen wollte. Nur wenigen besonders aufmerksamen Lesern dürfte auffallen, daß einige dieser «Fakten» offensichtlich unzutreffend sind. Markantestes Beispiel hierfür ist der Krieg gegen Mexiko. Ihn gibt der Autor als einen der Hauptgründe an, die ihn bewogen hätten, jahrelang seine Wahlsteuer nicht zu zahlen. Tatsache ist jedoch, daß dieser zur Ausdehnung des Sklavereigebietes geführte Krieg erst zwei Monate vor Thoreaus Verhaftung begann.

Dieser äußerst großzügige, um nicht zu sagen schludrige Umgang mit den historischen Sachverhalten in einem vermeintlichen Faktenbericht läßt sich auch an zahlreichen anderen Beispielen zeigen. Greifen wir nur drei davon heraus. Da ist zunächst der vom Autor beim Leser erweckte

Sam Staples, Gefängniswärter von Concord

Eindruck, seine Steuerverweigerung sei ein riskanter Akt von Zivilcourage gewesen. Die historische Forschung hat jedoch gezeigt, daß die von Thoreau mehrere Jahre lang nicht entrichtete Wahlsteuer (wer sie nicht zahlte, durfte nicht wählen) eine Bagatellsteuer von etwa einem Dollar pro Jahr war, die damals von zahlreichen Bürgern nicht entrichtet wurde, weil man ihre Ersetzung durch eine nach Einkommen gestaffelte Steuer erreichen wollte. Kaum einer von diesen Steuerverweigerern wurde in Concord deshalb jedoch ins Gefängnis geworfen – notfalls wurde vielmehr gepfändet.

Zweitens: Der Versuch Thoreaus, den Steuereinnehmer und das Gefängnis als Instrumente brutalster staatlicher Repression darzustellen; tatsächlich ging es in Concords Gefängnis, wo er zudem nur eine einzige Nacht verbringen mußte, jedoch fast gemütlich zu, und Sam Staples – Steuereinnehmer und Gefängniswärter in einer Person – war ein äußerst beliebter Mitbürger Concords, der Thoreau offenbar nur eine kleine Lektion hatte erteilen wollen. Drittens: Der Widerspruch zwischen dem Bemühen des Autors, sich seinen Lesern als sokratisch-gelassener Märtyrer des Gewissens zu präsentieren, und Zeugenberichten, nach denen Thoreau mit einem Wutanfall auf seine Festnahme reagiert habe.[142]

Der Faktenbericht, den der Autor seinen Lesern zu geben scheint, erweist sich also beim näheren Hinsehen in wichtigen Punkten als eine Fiktion. Die Mischung unrichtiger persönlicher Fakten mit wahren moralischen Grundsatzaussagen ruft jedoch sogleich die Struktur von *Walden* in Erinnerung: versucht man daher, *Civil Disobedience* als einen Mythos zu lesen, so zeigt sich auch hier, daß die «Fälschung» der Verdeutlichung einer höheren Wahrheit dient, die der Autor seinen Lesern vermitteln will.

Die verschiedenen sprachlichen Ebenen des Essays weisen zugleich auf die Vielzahl der Motive hin, die Thoreau zur Abfassung der kleinen Schrift veranlaßt haben. Die akute Empörung über die Festnahme kann hierbei mit Sicherheit ausgeschlossen werden, denn Thoreau begann erst zwei Jahre nach seinem Gefängnisaufenthalt mit der literarischen Aufbereitung dieses Erlebnisses – was im übrigen ein weiterer Hinweis darauf ist, daß er diesem Ereignis selbst zunächst nicht die Bedeutung beimaß, die er ihm dann in seinem Essay gab. Die relativ ausführliche, wenn auch teilweise fiktive Darstellung seiner persönlichen Erlebnisse im Gefängnis scheint darauf hinzuweisen, daß sein Essay unter anderem wohl auch durch zahlreiche ernste oder auch hämische Fragen nach seinen Eindrücken vom Gefängnisaufenthalt angeregt wurde. Das sehr viel stärker vertretene rechtfertigende Element macht jedoch darauf aufmerksam, daß ihm die massive Kritik seiner transzendentalistischen Bekannten offensichtlich sehr viel mehr zugesetzt hatte.

Denn wenngleich der immer wieder zitierte nächtliche Besuch Emersons bei Thoreau im Gefängnis – Emerson vorwurfsvoll: «Mein Gott, Henry, warum bist Du denn hier?»; Thoreau, ebenso vorwurfsvoll: *Und Du, Waldo, warum bist Du nicht hier?* – wohl der Legende angehört, so wirft diese Legende doch ein bezeichnendes Licht auf den Streit zwischen Thoreau und den übrigen Transzendentalisten über die Frage, wie Thoreaus Steuerverweigerung und die dadurch provozierte Festnahme zu bewerten seien. Zum einen wurde Thoreau vorgeworfen, er habe ja nur auf einfallslose Weise seinen Freund Alcott imitiert (dieser war schon 1842 wegen Steuerverweigerung kurz festgenommen worden), zum anderen wurde ihm vorgehalten, durch ein völlig strategieloses moralisches Handeln ohne Rücksicht auf eigene Verluste schalte sich der Gesellschaftsreformer nur selbst aus, ohne die moralische Erneuerung der Gesellschaft auch nur um ein kleines Stück voranzubringen.

In der zweiten Hälfte der vierziger Jahre war die allgemeine Aufmerksamkeit gegenüber dem Sklavenproblem deutlich angewachsen, seit im Norden der USA abolitionistische Organisationen – ihnen gehörten auch

Thoreaus Mutter und Schwestern an – aktive Agitation gegen die Sklaverei betrieben. Wenngleich Thoreau selbst keiner abolitionistischen Vereinigung beitrat, so unterstützte er doch zunehmend den Protest gegen die Sklaverei und sah in ihrer Abschaffung einen besonders wichtigen Schritt auf dem Weg zur moralischen Erneuerung der amerikanischen Gesellschaft. Auf dieses Ziel hin richtete er nun auch immer stärker das in Arbeit befindliche Manuskript über seinen Gefängnisaufenthalt aus. Der Bericht sollte dazu eingesetzt werden, möglichst viele seiner Mitbürger aus ihrer moralischen Lethargie, insbesondere aus ihrer Gleichgültigkeit gegenüber dem Sklavenproblem, aufzuwecken. Dazu war jedoch eine faktengetreue Darstellung seiner damals allenfalls belächelten Verhaftung denkbar ungeeignet, und gleiches galt sicherlich auch von einer unpersönlich-abstrakten Abhandlung über politische Moral. Daher wählte Thoreau wieder das schon im Fall von *Walden* erprobte Verfahren der Umarbeitung persönlicher Fakten zu einem Mythos: In der literarisch idealisierten Gestalt Thoreaus sollte den Lesern das anschauliche Beispiel eines bedingungslos nach ethischen Grundsätzen handelnden Staatsbürgers vor Augen geführt werden, dessen ungerechte Bestrafung bei seinen Mitmenschen einen Solidarisierungseffekt auslösen sollte. Das mythische Vorbild eines moralischen Helden sollte aber auch in eine ethisch orientierungslos gewordene Gesellschaft von außen wieder die absoluten ethischen Maßstäbe einbringen, welche die abgestumpften Gewissen der meisten Bürger nicht mehr innerlich wahrnehmen konnten. Thoreau wollte somit einen provokatorischen Mythos schaffen, der seine Mitbürger aus ihrer Gehorsamsroutine aufschrecken, ihren Konformismus erschüttern und sie dazu zwingen sollte, fraglos anerkannte «Werte» auf ihren wirklichen ethischen Gehalt hin zu überprüfen.

Unbedingt – das heißt ohne wenn und aber – moralisch zu handeln bedeutete hier und jetzt: Die Sklaverei nicht länger direkt oder indirekt zu unterstützen, selbst wenn gewählte Regierungen dies unter Berufung auf die Verfassung weiterhin taten. In dieser Situation, davon wollte Thoreau die übrigen Amerikaner überzeugen, hatte ein Staatsbürger nicht nur das Recht, sondern sogar die moralische Pflicht, dem Staat den Gehorsam zu verweigern: *Wie soll sich ein Mensch heutzutage gegenüber dieser amerikanischen Regierung verhalten? Ich antworte darauf, daß er sich nicht ohne Schande mit ihr einlassen kann. Nicht für einen Augenblick kann ich die politische Organisation als meine Regierung anerkennen, die zugleich auch die Regierung der Sklaven ist.*[143]

Leider war die Mehrheit seiner Landsleute bislang jedoch anderer Auffassung, wenngleich das Widerstandsrecht an sich natürlich nicht bestritten wurde – schließlich war es ja der Geburtshelfer der USA gewesen. Die meisten waren aber der Ansicht, gegenwärtig sei es in Amerika nicht legitim, dem Staat den Gehorsam zu verweigern, denn die Gesetze gegen entflohene Sklaven seien ja schließlich von demokratisch gewählten Par-

Ankündigung einer Sklaven-Auktion

lamenten verabschiedet worden. Da Thoreau die Legalität der politischen Ordnung kaum bestreiten konnte, blieb ihm nur der Ausweg, deren Legitimität in Zweifel zu ziehen. Er meinte damit jedoch nicht die Zustimmung der Bürger, denn diese war zu seinem Leidwesen ja mehrheitlich gegeben, sondern eine absolute, kosmologische Legitimität: die Rechtfertigung der amerikanischen Regierung vor Gott. Weil die Sklaverei nicht als verfassungswidrig bezeichnet werden konnte, mußte Thoreau sie in einen Widerspruch zu einem Gesetz stellen, das noch höher war als das «höchste Gesetz des Landes», nämlich das Naturrecht bzw. die göttlichen Gebote. Wer der inneren Stimme dieses absoluten «höheren Gesetzes» folgte, für den galt: *Derjenige, welcher nach dem höchsten Gesetz lebt, steht in gewissem Sinne über dem Gesetz.*[144]

Für Thoreau selbst war die Sachlage sonnenklar: Wer von den Amerikanern nicht zum moralischen Mittäter des Sklavenstaates werden wollte, mußte auf der Stelle die Steuern verweigern. Moralische Schwäche aber machte offenbar erfindungsreich, denn es wurden alle möglichen Ausreden und Einwände hiergegen vorgebracht. Da wurde zum einen behauptet, Widerstandsakte dürften nur das letzte politische Mittel sein, zumal in einer Demokratie. Das Argument Demokratie ließ Thoreau aber aus zwei Gründen nicht gelten: Zum einen war sie die Herrschaft des kleinsten gemeinsamen moralischen Nenners, der sogenannten moralischen Mehrheit, statt absoluter moralischer Maßstäbe, und zum anderen dauerten demokratische Reformen Jahrzehnte, wenn nicht sogar länger – zu lange jedenfalls für den, der ihre Früchte noch in seinem eigenen Leben ernten wollte. Wer die Gerechtigkeit, das heißt Gott, auf seiner Seite hatte, brauche nicht auf Mehrheiten zu warten, da er bereits in seiner Person eine Mehrheit sei. Und was das Argument der ultima ratio betraf, verbunden noch mit dem Hinweis, es müsse sichergestellt sein, daß der durch den Widerstand entstehende Schaden gesamtgesellschaftlich nicht größer sei als der zu erwartende Nutzen, so wurde dergleichen von Thoreau als moralische Irrlehre des britischen Philosophen William Paley (1743–1805) verdammt, den Thoreau in Harvard hatte lesen müssen: Paley sei ein ethischer Relativist, der über Gut und Böse mit den Maßstäben der Zweckmäßigkeit, der Nützlichkeit und der Opportunität heute so und morgen so entscheiden wolle. Solche Maßstäbe durften nach Thoreaus Auffassung jedoch im öffentlichen Bereich allenfalls bei Entscheidungen wirtschaftlicher, organisatorischer, verwaltungstechnischer Art usw. angewandt werden, nicht aber auf dem Gebiete der Moral, wo nur absolute ethische Maßstäbe gelten durften: *Paley scheint jedoch niemals diejenigen Fälle berücksichtigt zu haben, auf die sich der Maßstab der Zweckmäßigkeit nicht anwenden läßt, in denen ein Volk ebenso wie ein Individuum Gerechtigkeit üben müssen, koste es, was es wolle. Wenn ich einem Ertrinkenden zu Unrecht die rettende Planke entrissen habe, muß ich sie ihm zurückgeben, selbst wenn ich dann selbst ertrinke. Paley zufolge wäre dies nicht opportun. Wer aber in solcher Lage sein Leben rettet, der wird es verlieren. Dieses Volk muß aufhören, Sklaven zu halten und gegen Mexiko Krieg zu führen, selbst wenn dies seine Existenz als Volk kosten würde.*[145] Politik – der Bereich der «Zweckmäßigkeit» (expediency) – und Moral – der Bereich der absoluten sittlichen «Grundsätze» (principle) – waren für Thoreau unversöhnliche Gegensätze: Man mußte sich für eines von beiden entscheiden.

Aber war denn, so lautete ein weiterer Einwand, die Sklaverei nicht bloß ein einzelner dunkler Fleck auf der ansonsten weißen Weste der

Das Gefängnis von Concord, 1777. Zeichnung von John Wilson

amerikanischen Demokratie, der es nicht rechtfertigte, durch Zivilen Ungehorsam das System des Rechtsstaates insgesamt in Frage zu stellen? Gewiß, räumte Thoreau ein, es gab Ungerechtigkeiten, die in Kauf genommen werden mußten, weil sie den unvermeidlichen Reibungsverlusten einer Maschine entsprachen: *Wenn aber die Reibung zum Selbstzweck wird, wenn Unterdrückung und Raub organisiert sind, dann, sage ich, laßt uns eine solche Maschine nicht länger hinnehmen. Mit anderen Worten, wenn ein Sechstel der Bevölkerung einer Nation, die angetreten war, die Zuflucht der Freiheit zu sein, aus Sklaven besteht, und wenn ein ganzes Land widerrechtlich überrannt, von einer fremden Armee besetzt und dem Kriegsrecht unterworfen ist, dann, meine ich, ist es für ehrliche Menschen nicht länger zu früh, zu rebellieren und eine Revolution zu beginnen.*[146]

Auch auf die rein persönlichen Lebensverhältnisse bezogen, tauchte immer wieder das Argument auf, man solle wegen der Sklaverei doch politisch nicht das Kind mit dem Bade ausschütten: War denn nicht der einzelne Bürger dem Staat und seinem Arsenal an Unterdrückungsinstrumenten gegenüber völlig machtlos? Dieser These von der Ohnmacht des Bürgers begegnete Thoreau mit literarischen Mitteln: Bei der Schilderung seiner Verhaftung ließ er den Staat gerade dort am schwächsten erscheinen, wo er vermeintlich seine ganze Repressionsgewalt zeigte, nämlich im Gefängnis. *Ich erkannte, daß der Staat einfältig war, daß er ängstlich war wie eine einsame Frau mit ihren Silberlöffeln und daß er unfähig war, seine Freunde von seinen Feinden zu unterscheiden. Ich verlor*

107

meinen letzten Rest an Respekt und bedauerte ihn.[147] Nicht auf den furcht-
erregenden Machtmitteln beruhte nämlich die Stärke des Staates, sondern allein auf dem, was der französische Philosoph Étienne de la Boétie
schon 1576 als die «freiwillige Knechtschaft» der Bürger bezeichnet hatte.
Gefangene waren daher in Wirklichkeit die vielen Bürger, die aus Furcht
um ihr Eigentum in die Abhängigkeit des schützenden Staates geraten
waren, nicht aber Leute wie Thoreau, die nicht auf den Staat angewiesen
waren, weil sie um keine Besitztümer zu fürchten hatten.

Aus Pranger und Gefängnis, den Plätzen staatlich verordneter
Schande, machte Thoreau Ehrenplätze für moralisch aufrechte Staatsbürger: *Unter einer Regierung, die irgend jemanden unrechtmäßig ein-
sperrt, ist das Gefängnis der angemessene Platz für einen gerechten Menschen. Der rechte Platz, ja der einzige Platz, den Massachusetts heutzutage
für seine freieren und weniger verzagten Geister vorgesehen hat, sind seine
Gefängnisse, wo sie vom Staate selbst ausgeschlossen und ausgesetzt werden, da sie sich schon selbst durch ihre* (ethischen) *Grundsätze ausgeschlossen haben.*[148]

Da für seine Yankee-Mitbürger das Eigentum an der Spitze der Wert-
skala stand und Eigentum, Freiheit und Leben der Weißen vom amerikanischen Staat ja zweifellos geschützt wurden, konnte Thoreau seine Wi-
derstandsaktion auch nicht mit der klassischen Vertragslehre à la Locke
rechtfertigen. Statt dessen griff er auf die Bundes-Lehre zurück, die ein
Teil der puritanischen Tradition Neuenglands war. Danach war zwischen
Gott, Bürgern und Obrigkeit ein Bund («covenant») geschlossen worden,
der dem gewissenhaften Bürger die ewige Seligkeit zusicherte. Aufgabe
der Obrigkeit war es, den Bürgern zu helfen, die Gebote Gottes zu achten. Diesen Bund mit Gott hatte der amerikanische Staat jedoch nach
Thoreaus Argumentation durch seine Unterstützung des Sklavensystems
gebrochen. Dadurch sei der Bürger nicht nur von seiner Gehorsams-
pflicht gegenüber dem Staat entbunden, sondern er müsse dem Staat sogar den Gehorsam verweigern, wenn er nicht selbst den Bund mit Gott
brechen und damit die ewige Verdammnis in Kauf nehmen wolle. Diesen
Gedanken drückte auch später der Abolitionistenführer Garrison in der
griffigen Formel aus, die US-Verfassung mit ihrer Billigung der Sklaverei
sei «ein Bund mit dem Tode und ein Vertrag mit der Hölle». Allerdings:
Mit einer bloß verbalen Verurteilung der Sklaverei konnte man seine
Seele nicht retten, sondern dazu war aktives Handeln erforderlich – nicht
nur das Beschreiten des herkömmlichen demokratischen Reformweges
als moralisches Alibi oder die Zahlung der Steuern unter Protest, wie es
die Garrisonianer damals taten: *Einige reichen Petitionen an den Staat ein,
er möge die Union* (mit den Sklavenstaaten) *auflösen ... Warum lösen sie
diese denn nicht selber auf: die Union zwischen sich und dem Staat – und
verweigern die Einzahlung ihrer Steuer in den Staatsschatz?*[149]

Die Hoffnung, die zahlreiche Mitbürger auf den Staat, die Parlamente oder andere Institutionen richteten, mußte nach Thoreaus Überzeugung in ethischer Hinsicht immer trügen, weil Institutionen kein Gewissen besaßen. Für moralisch engagierte Menschen konnte der Staat nur eine Gefahr für die Wahrung ihrer moralischen Integrität bedeuten. Daher Thoreaus Bekenntnis: *Von ganzem Herzen stimme ich dem Wahlspruch zu «Die beste Regierung ist die, welche am wenigsten regiert».*[150] Seine Ergänzung, bei moralisch reifen Bürgern liefe dies letztlich auf den Satz hinaus *«Die beste Regierung ist die, welche überhaupt nicht regiert»*[151], mußte natürlich den Verdacht erwecken, er sei ein Anarchist oder doch zumindest ein Egoist, der seine Steuern aus recht niedrigen Beweggründen nicht entrichte. Daher fügte er vorsorglich ergänzend hinzu: *Um aber realistisch und als Staatsbürger zu sprechen, anders als jene, die sich selbst Anarchisten nennen, fordere ich nicht etwa sogleich die Abschaffung aller Regierung, sondern s o f o r t eine bessere Regierung!*[152] Und gleichzeitig wies er seine Leser darauf hin, daß er als sozial verantwortlicher Staatsbürger stets die Straßenbausteuer bezahlt und (gratis sogar) im öffentlichen Bildungswesen mitgearbeitet habe.

Nicht als asozialer Egoist, sondern als Bürger mit Gemeinsinn wollte Thoreau erscheinen. Wenn der gute Staatsbürger aber auch ein gewissenhafter, moralisch integrer Mensch sein wollte, dann mußte er zugleich ein schlechter Untertan sein: *Muß der Bürger auch nur für einen einzigen Augenblick oder im geringsten Grade sein Gewissen dem Gesetzgeber überlassen? Wozu hat denn dann eigentlich jeder Mensch ein Gewissen? Ich meine, wir sollten an erster Stelle Menschen sein, und dann erst Untertanen. Man sollte weniger den Respekt vor dem Gesetz als vor der Gerechtigkeit pflegen.*[153]

Wenn vom Staat aber die Abschaffung der Sklaverei, geschweige denn eine Totalreform der amerikanischen Gesellschaft nicht zu erwarten war, wie konnten diese Ziele dann erreicht werden? *Ich weiß genau, daß die Abschaffung der Sklaverei in Amerika erreicht wäre, wenn nur tausend, wenn hundert, wenn zehn namentlich nennbare, – wenn nur zehn a n s t ä n d i g e Menschen, ach, wenn ein einziger E h r e n m a n n im Staate Massachusetts, um aufzuhören, Sklavenhalter zu sein, sich tatsächlich aus dieser Komplizenschaft zurückziehen und dafür ins Kreisgefängnis gesteckt würde.*[154] Thoreau beanspruchte aber nun doch, dieser eine Bürger gewesen zu sein – und was hatte er im Hinblick auf die Sklaverei erreicht? – Nichts! Offensichtlich enthielt sein Handbuch der moralischen Weltverbesserung einige kapitale strategische Fehler. Jeder Unrechtsstaat würde mit solchen idealistischen Einzelkämpfern leichtes Spiel haben.

Nicht nur seine Rezepte, sondern auch die Argumente zur Rechtfertigung seiner eigenen Position oder zur Widerlegung der Thesen seiner Gegner klingen oft geradezu absurd. So «löst» er beispielsweise das uralte Problem der Widerstandstheorie: «Quis iudicabit?» («Wer soll darüber entscheiden, ob staatliche Instanzen den Herrschaftsvertrag gebrochen

Die Buchhandlung Jewett & Co. in Boston, von der «Onkel Toms Hütte» verlegt wurde

haben?») kurzerhand mit dem Verweis auf das Gewissen des einzelnen Bürgers als maßgebliche Gerichtsinstanz, ohne auch nur die Frage nach der Irrtumsmöglichkeit des Gewissens aufzuwerfen oder das Problem zu diskutieren, ob und wie eine mißbräuchliche Berufung auf das (objektiv nicht überprüfbare) Gewissen verhindert werden könne. Sah Thoreau wirklich nicht, wieviel Unrecht schon gerechtfertigt worden war durch die Berufung auf Maximen wie: *Die einzige Verpflichtung, die ich eingehen darf, ist die, jederzeit das zu tun, was mir rechtens erscheint.*[155] Und wie konnte er das Gewissen zum alleinigen Urteilsmaßstab erheben und gleichzeitig die Verbildung der Gewissen seiner Landsleute beklagen?

Thoreaus Ungereimtheiten weisen auf den einseitigen, radikal individualistisch-moralischen Gesichtspunkt des Autors hin: Ihm ging es ausschließlich um die Wahrung der moralischen «Reinheit» des Individuums – auch wenn hierbei die Funktionsfähigkeit der Gesellschaft zerstört würde. Der Mensch war für Thoreau ein moralisches, aber kein soziales Lebewesen: Zu seiner Entfaltung bedurfte er der Gesellschaft nicht. Martin Luther King hingegen, der die moralische Integrität des einzelnen und die Funktionstüchtigkeit der Gesellschaft sichern wollte, entwickelte das Kriterium der Leidensbereitschaft und versuchte so zumindest, dem Problem der mißbräuchlichen Berufung auf das Gewissen Rechnung zu tragen.

Die letztlich unpolitische, radikal moralistische Perspektive Thoreaus zeigt sich auch in seiner Bestimmung des Verhältnisses zwischen gesatztem Recht und Gerechtigkeit. Das Spannungsverhältnis beider wird von ihm bedenkenlos zur Seite der – nie objektiv ermittelbaren – Gerechtigkeit hin aufgelöst. Daß die Rechtssicherheit des gesatzten Rechts in einer Gesellschaft von Menschen mit unterschiedlichen Gerechtigkeitsauffassungen gerade der Sicherung einer nicht nur formalen, sondern auch qualitativen Rechtsordnung dient, verkannte er völlig.

Wer Thoreaus Essay als argumentative Abhandlung über das Widerstandsrecht liest, dem müssen fürwahr vor lauter logischen Widersprüchen und Problemlücken die Haare zu Berge stehen. Aber die Tatsache, daß keine der bedeutenden rechtsphilosophischen Abhandlungen über das Widerstandsrecht auch nur einen Bruchteil der Resonanz gefunden hat, den Thoreaus chaotisch aufgebauter und mit haarsträubenden Ungereimtheiten gespickter Essay erlangt hat, weist bereits darauf hin, daß Thoreau wohl etwas ganz anderes erreichen wollte als die logische Überzeugung seiner Leserschaft. Wer den Essay als einen moralischen Appell liest, als eine Schrift, welche das moralische Empfinden der Menschen unmittelbar ansprechen will und ihr Gewissen aufzurütteln versucht, der wird leicht erkennen, daß Thoreau zur Verwirklichung dieses Ziels ein rhetorisches Meisterwerk (der Essay wurde ja zunächst als Vortrag gehalten) vollbracht hat, wenngleich seine damaligen Landsleute sich lieber durch rührselige Werke wie «Onkel Toms Hütte» motivieren ließen.

Als Thoreaus Essay in unserem Jahrhundert durch die Massenbewegungen Mahatma Gandhis und Martin Luther Kings Weltruhm erlangte, und Thoreau durch diesen Essay zum «Patron der amerikanischen Tradition des Zivilen Ungehorsams» (Jaffa)[156] wurde, geschah dies übrigens unter einem Titel, der nicht von Thoreau selbst stammte; außerdem wurden Begriffe verwendet, die in Thoreaus Essay gar keine zentrale Bedeutung spielen. Zum einen nannte Thoreau seine Steuerverweigerungsaktion niemals «Zivilen Ungehorsam». Zum anderen setzte er sich in seinem Essay gar nicht ausführlich mit der Frage auseinander, ob der Widerstand gewaltlos sein müsse. Thoreaus wenige expliziten Sätze zum letzteren Punkt sind widersprüchlich. Einerseits fordert er eine *friedliche Revolution*[157] und sagt: *Es ist natürlich nicht die Pflicht des Menschen, sich der Austilgung des Unrechts zu widmen, selbst wenn es noch so groß ist.*[158] Andererseits merkt er jedoch auch an: *Aber selbst einmal angenommen, es würde Blut fließen. Wird denn nicht auch eine Art von Blut vergossen, wenn ein Gewissen verletzt wird?*[159] Ein radikaler Pazifist war Thoreau gewiß nicht. Seine Konzentration auf das Widerstandsmittel der Steuerverweigerung und – mehr noch – der gesamte Kontext des Essays legen jedoch den Schluß nahe, daß Thoreau damals wohl einen gewaltlosen

Widerstand des Bürgers gegen den Sklavenstaat propagieren wollte. Dies entsprach ja auch den Grundpositionen des Transzendentalismus, der von einem moralisch geordneten Universum ausging, in dem sich das Gute progressiv entfaltete und in dem letztlich kein Übel ungesühnt und keine Wohltat unbelohnt bleiben würde. Der endgültige Sieg des Guten und der Gerechtigkeit war also bereits gewiß. «Unreine» Mittel konnten ihn nur hinauszögern: Gewalt würde die Sache der Gerechtigkeit nicht vorantreiben, sondern nur Gegengewalt provozieren und die Unordnung eskalieren.

Nicht ganz unproblematisch ist es auch, Thoreau wegen seines Essays über den Zivilen Ungehorsam als Vater des passiven Widerstands zu feiern, da sich der Autor hier ja gerade gegen die passive Haltung, den bloßen Verbalmoralismus seiner Mitbürger wendet und sie zu einem aktiven moralischen Engagement gegen den Unrechtsstaat, konkret: zur Steuerverweigerung, auffordern will. Passiv ist dieser Widerstand allerdings insofern, als Thoreau bereit ist, die Konsequenzen seines Widerstandsaktes, die Gefangennahme, zu erleiden. Er kann sich dadurch im Essay als ein Opfer präsentieren, an dem die verborgene strukturelle Gewalt des Unrechtsstaates sichtbar wird. Über diese passive, erleidende Haltung, die zweifellos ein postives Identifikationserlebnis des Lesers

Martin Luther King, Jr.

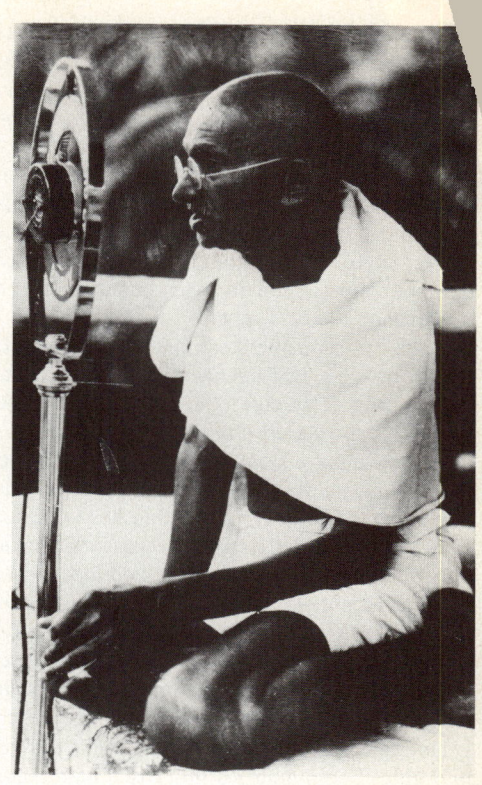

Mahatma Gandhi

auslösen und zudem deutlich machen soll, wer letztlich im Unrecht ist, hat sich Thoreau dann noch einmal in *Walden* geäußert: *Es ist wahr, ich hätte gewaltsam mit mehr oder minder großem Erfolg Widerstand leisten können, hätte einen Amoklauf gegen die Gesellschaft veranstalten können; aber ich zog es vor, die Gesellschaft gegen mich Amok laufen zu lassen, weil sie von uns beiden der Hoffnungslose war.*[160]

Dies klingt auf den ersten Blick nach Taktik – ähnlich wie der Satz: *Laß Dein Leben ein Gegengewicht sein, das die Staatsmaschinerie zum Halten bringt.*[161] Taktik und Strategie spielten jedoch für Thoreau damals noch eine ganz untergeordnete Rolle; ihm kam es in erster Linie darauf an, die eigene moralische Integrität zu erhalten und seinen Mitbürgern klarzumachen, daß sie so handeln müßten wie er, wenn sie ihre «Seele retten» wollten. Die politischen Konsequenzen waren hierbei von nachgeordneter Bedeutung. Es ging Thoreau also weniger darum, die staatliche Repressionsgewalt geschickt ins Leere laufen zu lassen und gegen den Staat

mzukehren – dafür sorgte das moralische Universum letztlich au-
...isch –, sondern darum, daß seine Mitbürger ohne wenn und aber
...alisch handelten: *Wenn man ... von Dir verlangt, das Instrument für
...n Unrecht am Anderen zu werden, dann sage ich: brich das Gesetz ...
Was ich zu tun habe ist, darauf zu achten, daß ich mich nicht für das Böse
hergebe, das ich selbst verdamme.*[162] Weil die moralische Selbstläuterung
des Individuums und der Gesellschaft für Thoreau damals noch im Vordergrund seiner Überlegungen stand, machte er – anders als Gandhi und
King – auch keine Anstalten, die Steuerverweigerung als politisches Instrument einzusetzen und Massenaktionen zu organisieren, um politische
Änderungen zu erzwingen.

Da es Thoreau in erster Linie um einen moralischen Appell zur Selbstläuterung ging, war auch seine These nicht falsch, daß ein einziger auf-
rechter Bürger genüge, um der Sklaverei in Amerika ein Ende zu bereiten. Denn die Bereitschaft zum ersten Schritt moralischen Handelns war
die unabdingbare Voraussetzung für eine Abschaffung der Sklaverei. Am
Anfang mußte die Revolution gegen die eigene moralische Gleichgültigkeit stehen: *Handeln nach* (ethischen) *Grundsätzen, die Erkenntnis und
Verwirklichung des Rechten, wandelt Dinge und Verhältnisse; es ist von
seinem Wesen her revolutionär und läßt nichts Bestehendes unverändert.
Es spaltet nicht nur Staaten und Kirchen, es entzweit auch Familien; und es
treibt einen Keil durch das Individuum, indem es das Diabolische in ihm
vom Göttlichen scheidet.*[163] Erst die moralische Revolution des Innern
machte eine moralische Revolution der Gesellschaft möglich. Der Widerstand gegen staatliches Unrecht mußte daher im ständigen Widerstand
gegen die eigene moralische Schwäche verwurzelt sein. Durch das Vorbild eines bedingungslos moralisch handelnden Menschen würden jene
absoluten sittlichen Maßstäbe in eine ethisch orientierungslos gewordene
Gesellschaft zurückkehren, die für eine moralische Totalerneuerung des
Gemeinwesens unabdingbar waren: *Es ist nicht so wichtig, daß viele genauso gut sind wie Du, als vielmehr, daß es irgendwo etwas absolut Gutes
gibt, denn dies wird die ganze Masse wie ein Sauerteig durchdringen.*[164]

Das mythische Vorbild unbedingten moralischen Handelns, das Thoreau den Landsleuten in seinem Essay über den Zivilen Ungehorsam
präsentiert hatte, wurde jedoch nicht, wie erhofft, zu dem Anfang, der
wie ein Sauerteig die ganze Gesellschaft mit Sittlichkeit durchdringen
sollte. Vielmehr gelang es dem Sklavensystem in den nächsten Jahren,
wichtige Etappensiege zu erzielen: Das 1850 verschärfte Gesetz gegen
flüchtige Sklaven erzwang die Auslieferung entflohener Sklaven aus
sklavenfreien Staaten, und das Ende Mai 1854 erlassene Kansas-Nebraska-Gesetz hob die regionale Beschränkung der Sklaverei faktisch
auf. Diese Verschärfung des Sklavereiproblems spiegelt sich in *Sklaverei
in Massachusetts* wider, einem Vortrag, den Thoreau am 4. Juli 1854 auf
jener berühmt gewordenen abolitionistischen Protestversammlung hielt,

auf der Garrison ein Exemplar der amerikanischen Verfassung öffentlich verbrannte.

Auf die Verschärfung reagierte Thoreau mit einer größeren Bereitschaft, das Sklavensystem auch mit «unreinen» Mitteln zu bekämpfen, wenn dies Aussicht auf schnellere Erfolge bot. So rechtfertigte er nun den Versuch einiger militanter Abolitionisten, den Sklaven Burns in Boston aus der Auslieferungshaft zu befreien, obwohl dieser Befreiungsversuch einem Hilfssheriff das Leben gekostet hatte. Außerdem begann Thoreau von seinem radikal individualistischen Reformkonzept abzurücken. Neben das Ziel der Selbstläuterung trat nun das der institutionellen Reform, weil er sich davon eine Beschleunigung des Reformprozesses versprach. Aus dem gleichen Grund war er jetzt auch zu einer stärkeren Zusammenarbeit mit den Abolitionisten bereit. Außerdem begann er damit, strategisch-taktischen Überlegungen wachsende Bedeutung beizumessen. So regte er in seinem Vortrag einen Massenboykott sklavenhalterfreundlicher Zeitungen in Neuengland an – nicht mehr primär als Akt moralischer Selbstläuterung des einzelnen Bürgers, sondern jetzt in erster Linie als strategisches Mittel im Kampf gegen die Sklaverei.

Diese Änderungen in Thoreaus Position dürfen jedoch nicht als ein radikaler Bruch mit seiner bisherigen Haltung und als grundsätzliche Abkehr von transzendentalistischen Grundsätzen bewertet werden. Vielmehr kommt *Sklaverei in Massachusetts* ein Übergangscharakter zu, dessen zentrales Merkmal die Entwicklung einer zweigleisigen Reformstrategie aus Selbstläuterung und gleichzeitiger institutioneller Reform ist. Der Übergangscharakter kommt aber noch in weiteren Punkten zum Ausdruck. So war die Gewalt für ihn noch immer kein Königsweg zur Beseitigung des Sklavensystems oder des Bösen aus der Welt, sondern nur das letzte Mittel in einem konkreten Einzelfall. Auch seine übrigen Positionsänderungen blieben halbherzig: Weiterhin weigerte er sich, irgendeiner abolitionistischen Organisation beizutreten; auch organisatorische Bemühungen zur Realisierung seiner Idee eines Zeitungsboykotts unternahm er nicht. Formal kommt diese Zwiespältigkeit am deutlichsten in dem abrupten Stilbruch zum Ausdruck, mit dem ein kontemplativer Schlußabschnitt auf den kämpferisch formulierten Vortrag folgt:

Jüngst geschah es jedoch, daß ich den Duft einer weißen Seerose verspürte und daß sich damit eine Zeit erfüllte, auf die ich lange gewartet hatte. Die weiße Seerose ist ja das Sinnbild der Reinheit. Sie springt so rein und schön zum Auge empor, und ihr Duft ist so köstlich, daß es den Anschein hat, als wolle sie uns zeigen, welche Reinheit und Köstlichkeit im Schlamm und Schmutz der Erde enthalten sind und was daraus zu gewinnen sei. Ich glaube, meilenweit habe ich die erste gepflückt, die sich geöffnet hat. Welch eine Bestärkung unserer Hoffnungen liegt im Duft dieser Blume! Ihretwegen werde ich nicht so bald an der Welt verzweifeln, trotz Sklaverei, Feigheit und moralischer Rückgratlosigkeit der Nordstaatler. Die weiße Seerose

Seerosen

weist darauf hin, welche Art von Gesetzen sich am längsten und weitesten
durchgesetzt hat und noch immer die Oberhand behält, ja, daß der Zeitpunkt kommen mag, wo auch die Handlungen der Menschen so gut duften
werden. Solcherart ist jedenfalls der Duft, der von dieser Pflanze ausgeht.

116

Wenn die Natur noch Jahr für Jahr diesen Duft hervorbringen kann, so werde ich weiterhin daran glauben, daß sie noch immer jung und voller Kraft ist, von ungeminderter Integrität und Genialität, und daß auch im Menschen noch Tugend vorhanden ist, da er doch befähigt ist, ihren Duft wahrzunehmen und zu lieben. Er ruft mir in Erinnerung, daß die Natur keinen Missouri-Kompromiß unterzeichnet hat. Im Duft der Seerose verspüre ich keinerlei faulen Kompromiß.[165]

In einer scheinbar belanglosen Naturerscheinung hat sich dem Autor hier die hinter aller sichtbaren Unordnung verborgene perfekte moralische Ordnung des Kosmos offenbart, und diese momentane Inspiration hat wieder prägende Kraft für seine gesamte Weltanschauung gewonnen. In der «Sprache» der Natur ist ihm der letztlich unausweichliche Sieg des Guten verkündet und dadurch seine Zuversicht bestärkt worden, daß der Mensch, wenn er sich nur von dieser vollkommenen Ordnung selbst ordnen läßt, über die Fähigkeit verfügen wird, das Böse zu transzendieren.

Am deutlichsten wird Thoreaus weiteres Festhalten an transzendentalistischen Grundpositionen jedoch an dem ganz unkonventionellen Sklaverei-Begriff, welcher dem Vortrag zugrunde lag und sich deutlich vom vorherrschenden abolitionistischen Verständnis der Sklaverei unterschied. Thoreau begann seinen Vortrag mit den Worten: *Jüngst wohnte ich einer Versammlung der Bürger Concords bei, in der Erwartung, als einer von mehreren Rednern über das Thema Sklaverei in Massachusetts zu sprechen. Aber ich war überrascht und enttäuscht, herausfinden zu müssen, daß meine Mitbürger wegen der Geschicke von Nebraska und nicht von Massachusetts zusammen gekommen waren, so daß, was ich zu sagen gehabt hätte, völlig fehl am Platze gewesen wäre. Ich hatte geglaubt, das Haus stünde in Flammen und nicht die Prärie. Aber obgleich mehrere Bürger des Staates Massachusetts derzeit wegen ihres Versuchs, einen Sklaven vor den Krallen des Staates zu retten, im Kerker sind, drückte kein einziger Versammlungsredner sein Bedauern darüber aus, ja, kein einziger hielt dies auch nur der Erwähnung für wert . . . In Nebraska gibt es keinen einzigen Sklaven, in Massachusetts gibt es hingegen vielleicht eine Million Sklaven . . .*[166]

Solche Bemerkungen Thoreaus mußten seine abolitionistischen Mitbürger natürlich vor den Kopf stoßen, denn schließlich war Massachusetts doch nicht bloß ein sklavenfreier Staat, sondern vielmehr der Hort des Widerstands gegen die Sklaverei! Aber Thoreau drückte sich bewußt so provokativ aus, um die heimatlichen Abolitionisten auf die extreme Verkürzung ihres Sklaverei-Begriffs aufmerksam zu machen. Für sie reduzierte sich die Sklaverei nämlich auf das Phänomen der Negersklaverei im Süden der USA. Dies hieß aber nichts anderes, als ausschließlich auf die Mißstände beim Nachbarn zu schauen: *Ich wundere mich manchmal, daß wir so leichtfertig sein können – so bin ich fast geneigt zu sagen –, uns um die gewöhnliche, aber ein wenig fremdländische Form der Knechtschaft,*

Die Hauptstraße von Concord,
Mitte des 19. Jahrhunderts

genannt Negersklaverei, zu kümmern; es gibt so viele harte und gerissene
Herren, die den Norden wie den Süden versklaven. Es ist hart, einen Aufse-
her aus dem Süden zu haben; es ist schlimmer, einen nordstaatlichen zu
haben; am schlimmsten von allem ist es jedoch, wenn Du Dein eigener
Sklaventreiber bist.[167]

Im Unterschied zu den Abolitionisten schloß Thoreau die sklavischen
Arbeitsbedingungen der weißen Fabrikarbeiter des Nordens in seine Kritik mit ein und teilte auch nicht die Auffassung, das Sklavensystem würde
allein von den südstaatlichen Sklavenhaltern und von korrumpierten Re-
gierungsmitgliedern am Leben erhalten. Die Sklaverei blühte und gedieh
vielmehr nicht zuletzt wegen der *hunderttausend Kaufleute und Farmer*
hier, die mehr an Handel und Landwirtschaft interessiert sind als an Huma-
nität . . .[168]

Thoreau ging es aber nicht nur darum, seinen Landsleuten die Mit-
schuld der profitgierigen Yankees am Weiterbestehen der Negersklaverei
ins Gewissen zu rufen, sondern sie auf die psychischen Wurzeln aller Sklaverei aufmerksam zu machen. Sklaverei bestand letztlich überall dort,
wo Menschen abhängig waren, ob nun von anderen Menschen oder aber
von sich selbst – nämlich von ungezügelten Trieben und Begierden, die

eine Unterjochung des vernünftigen und moralischen Selbst bewirkten und selbstverschuldete Abhängigkeiten schufen. Diese unkonventionelle Deutung des Sklaverei-Begriffs kommt besonders klar in der nachfolgenden Tagebucheintragung Thoreaus zum Ausdruck: *Geschwätz von Sklaverei! Sie ist mitnichten die «besondere Institution» des Südens. Sie existiert vielmehr überall dort, wo Menschen gekauft und verkauft werden, wo immer ein Mensch es zuläßt, daß er wie ein bloßes Ding oder Instrument behandelt wird und seine unveräußerlichen Rechte der Vernunft und des Gewissens aufgibt. Fürwahr, diese Art der Sklaverei ist umfassender als diejenige, welche allein den Körper versklavt.*[169]

Kommen wir nun zu Thoreaus Schriften über John Brown aus dem Jahre 1859, welche den eigentlichen radikalen Bruch nicht nur mit den in *Civil Disobedience* niedergelegten Auffassungen, sondern auch mit den Grundpositionen der transzendentalistischen Philosophie markieren. Thoreau hatte diese Schriften anläßlich des gescheiterten Überfalls John Browns auf das US-Waffenarsenal in Harper's Ferry verfaßt, der mit der Gefangennahme, Verurteilung und Hinrichtung Browns endete. Bereits zu einem Zeitpunkt, als selbst die überwältigende Mehrheit der Abolitionisten John Brown noch wegen seines blutigen Überfalls auf eine Bundes-

John Brown, 1856/57. Daguerreotypie

einrichtung verurteilte, verteidigte Thoreau diese Tat ohne jede Einschränkung und feierte John Brown als den einzigen moralischen Heroen Amerikas.

Thoreaus John Brown-Schriften offenbaren vor allem eine neue Einstellung zur Gewalt. John Brown sah – auch wenn er dies vor Gericht bestritt – in der Gewalt den einzigen Weg zur Überwindung der Sklaverei. Dem stimmte Thoreau nun zu. Seine früheren Vorbehalte gegenüber der Anwendung «unreiner» Mittel gab er auf: *Nicht nach der Waffe gilt es zu fragen, sondern nach dem Geist, in dem Du sie gebrauchst.*[170] Der Zweck heiligte nunmehr die Mittel: John Browns Gewalt war eine «reine», weil moralisch reinigende Gewalt. Diese Umwertung zeigt sich besonders kraß in Thoreaus Bewertung von Browns Kansas-Massaker. Brown hatte schon 1856 am Pottawatomie mit seiner Guerilla-«Truppe» fünf angeblich sklavereifreundliche Siedler hinterrücks überfallen und erbarmungslos niedergemetzelt. Browns Terroraktion aber wurde von Thoreau als *öffentlich praktizierte Humanität* gerechtfertigt: *Kein Mensch ist bis heute in*

Amerika in Erscheinung getreten, der seinen Mitmenschen so sehr geliebt und ihn so mitfühlend behandelt hat.[171]

Wie aber ließ sich diese Aussage mit Browns Pottawatomie-Opfern vereinbaren? Thoreaus Antwort war erschreckend lapidar: *Es gab in diesem Falle überhaupt keinen Tod, weil es kein Leben gegeben hatte; sie verfaulten einfach oder wurden zu Morast, wie sie schon zu Lebzeiten mehr oder weniger vor sich hin faulten und versumpften.*[172] Vom transzendentalistischen Glauben an die prinzipielle Gleichwertigkeit aller Menschen, begründet in der – allenfalls in unterschiedlichem Grad entfalteten – Teilhabe jeder menschlichen Seele an der göttlichen Allseele, war bei Thoreau nichts mehr zu erkennen. Vielmehr existierte für ihn nunmehr eine fundamentale, qualitative Spaltung der biologischen species Mensch in Übermenschen und Un-Menschen, eine Unterscheidung, die an die puritanische Entgegensetzung von Auserwählten und Verdammten erinnnert.

Der pauschalen Verdammung der Sklavenhalter stand eine kritiklose Heiligsprechung John Browns gegenüber. Weil Brown sich ohne Zögern und ohne Rücksicht auf die Folgen über Gesetze und Konventionen hinwegsetzte, sah Thoreau in ihm die *Verkörperung der* (moralischen) *Grundsätze, die gelebte und praktizierte Bibel*[173], die Inkarnation der Gerechtigkeit selbst. Brown war kein gewöhnlicher Held, sondern ein *Engel des Lichts*[174], zu rechnen unter *die seltenen Fälle jener Helden und Märtyrer, die in den Riten keiner Kirche berücksichtigt sind*[175]. Am deutlichsten kommt der Übermensch-Status Browns jedoch in der Gleichsetzung mit einem neuen Christus zum Ausdruck: *Vor rund 1800 Jahren wurde Christus gekreuzigt; heute morgen wurde Hauptmann Brown wahrscheinlich gehängt. Dies sind die zwei Enden einer Kette, die nicht ohne Verbindungsglieder sind.*[176] John Brown war *von Gott ernannt, gesandt, der Befreier derer zu sein, die in Gefangenschaft waren*, berufen zum *Erlöser von vier Millionen Menschen*, und gehorsam wie Christus *nahm er sein Leben und gab es für den Mitmenschen hin*[177]. Wie Christus konnte aber auch nur sein Leib getötet werden: *Er ist lebendiger denn je. Er hat Unsterblichkeit erworben.*[178] Sein Anliegen würde durch seinen Tod gefördert werden und so den endgültigen Sieg erringen.

Nun aber begann der Brownsche Grundsatz, daß der Zweck alle Mittel heilige, sich auf makabere Weise gegen Brown selbst zu wenden. Der fanatische Repräsentant einer Moral, die so ü b e r menschlich war, daß sie bereits wieder in brutale U n menschlichkeit umschlug, war von Thoreau zu einem Zeitpunkt, als sich andere Sympathisanten noch verzweifelt darum bemühten, ihn vor dem Strick zu retten, bereits zu einem bloßen Mittel herabgesunken, und sein Tod war schon im Dienste seiner «Sache» verplant: *Fast fürchte ich, von seiner Errettung zu hören, da ich nämlich bezweifle, ob ein verlängertes Leben, ob irgendein Leben so viel Gutes zu tun vermag wie sein Tod.*[179]

Obwohl Thoreau John Brown als den *überragendsten aller Transzen-*

Ankündigung eines Vortrags von Thoreau über Brown

dentalisten[180] charakterisierte, hatte Browns Heldentum nichts, aber auch gar nichts mehr mit dem transzendentalistischen Heldenideal zu tun, das Thoreau einst in seinen Frühschriften entworfen hatte. Denn die militärische Sprachsymbolik von *Der Dienst: Qualitäten des Rekruten* und *Sir Walter Raleigh* darf nicht übersehen machen, daß Thoreau damals ausschließlich einen Helden des Innern vor Augen gehabt hatte, der das Böse nur in seiner Brust bekämpfte. Mit Heldentum hatte Thoreau damals ein existentielles Heldentum gemeint, und der Begriff «Held» war nur der Thoreausche Ausdruck für unser modernes Wort «Selbstverwirklicher». Für diesen Helden des Innern, der an ein moralisch geordnetes Universum glaubte, hatten die Grundsätze gegolten: *Der stärkste ist stets der gewaltloseste*[181], und *Überwinde das Böse durch das Gute!*[182] Das Heldentum eines solchen Menschen bestand darin, schwierige Lebensumstände zu meistern, über sie hinauszuwachsen und durch existentielle Tapferkeit selbst unter den widrigsten äußeren Bedingungen ein Leben der geistig-moralischen Selbstentfaltung zu führen.

John Browns Heldentum bestand hingegen darin, Widerstände zu eliminieren statt zu transzendieren und das Böse durch einen «heiligen» Krieg in der Außenwelt auszurotten. John Brown faszinierte Thoreau wohl vor allem deshalb, weil er in ihm sein ideales Zweites Ich sehen konnte, denn Brown begnügte sich nicht damit, sich über die Sklaverei zu empören, sondern praktizierte mit seiner revolutionären Gewalt das, wovon Thoreau selbst nur zu träumen gewagt hatte: *Er wartete nicht erst, bis daß man ihn persönlich bei irgendeiner banalen Tätigkeit beeinträchtigte oder störte, bevor er sein Leben für die Sache der Unterdrückten hingab.*[183] Der Verlust jeglicher kritischen Distanz zeigt sich besonders deutlich in der Art und Weise, wie Thoreau auf die öffentlich erhobene Mutmaßung reagierte, John Brown (der aus einer Familie mit mehreren Geisteskran-

122

ken stammte und unter anderem seine Überfälle mit dem Studium der großen weltgeschichtlichen Schlachtpläne vorzubereiten pflegte) sei wohl wahnsinnig geworden. Thoreau interpretierte das Aufkommen dieses Verdachts als den endgültigen Beweis (!) für Browns überdurchschnittliche geistig-moralische Gesundheit – ein logischer Kurzschluß, dem allerdings die treffende Erkenntnis zugrunde lag, daß «Wahnsinn» ja allzu häufig nur ein Etikett zur sozialen Stigmatisierung von positiven wie negativen Normabweichlern ist.

Der in den Schriften über John Brown deutlich werdende Wandel von Thoreaus Auffassungen war, wie bereits gesagt, zugleich ein Bruch mit zentralen Positionen des Neuengland-Transzendentalismus. Hinter Thoreaus veränderter Einstellung zur Gewalt wird die Abkehr vom transzendentalistischen Glauben an ein moralisch geordnetes Universum erkennbar, das den Endsieg des Guten garantieren konnte, weil nur das Gute hier einen ontologischen Realitätsstatus besaß. Der Glaube des jungen Thoreau, daß das Böse nicht absolut real, sondern nur ein Mangel an Gutem sei, war jedoch schon 1846 durch das im Natur-Kapitel zitierte Ktaadn-Erlebnis erschüttert worden. Auf dem Berge Ktaadn hatte er das Böse in Gestalt der Materie nicht mehr nur als Faktizität, sondern als absolute Realität, als Ur-Böses erlebt. Dieses Schlüsselerlebnis vermochte jedoch erst in den fünfziger Jahren die gesamte Weltanschauung Thoreaus zu prägen. Von da an aber sah Thoreau das Leben als einen Kampf zwischen Gut und Böse an, dessen Ausgang ungewiß war. Hier stand der Endsieg des Guten nicht mehr fest, sondern mußte erst erkämpft werden. Auch Thoreaus Anthropologie wurde von diesem neuen Dualismus aus Gut und Böse radikal umgeformt: Die Menschen wurden nun nicht länger insgesamt als prinzipiell zum Guten befähigte, wenngleich unvollkommene Geschöpfe angesehen, sondern von jetzt an wurde klar zwischen den wesensmäßig Guten und Bösen unterschieden.

Staatliche Institutionen und Gewaltmaßnahmen, früher von Thoreau verdammt, wurden gleichzeitig aufgewertet. Die Gewalt war nun kein prinzipiell «unreines» Mittel mehr, sondern konnte zur reinigenden Gewalt des Heiligen Krieges werden. Der Staat, einst als eine parasitäre Institution beschimpft, die den Weisen nur bei der Selbstverwirklichung hindere, sollte nun nicht mehr abgeschafft, sondern von John Brown in einen «heiligen» Staat verwandelt werden, der wie einst die puritanischen Theokratien die «Heiligkeit» seiner Bürger per Erziehungsdiktatur verwirklichen sollte. Vorbild dieses neuen, positiven Staates waren für Thoreau die illegalen Regierungen der Abolitionisten in Kansas und anderen Territorien; nur eine solche Regierung sei er bereit anzuerkennen, weil nur sie *die Macht, welche die Gerechtigkeit im Land verwirklicht*[184], sei. In John Brown sah er den neuen Cromwell, der mit Bibel und Schwert den Staat der absoluten Gerechtigkeit schuf. Thoreaus Auffassungen waren nun denen des militanten Puritanismus sehr viel ähnlicher als denen des

Bereitmachen von Sklaven für den Markt

Transzendentalismus. Dennoch hatte sich Thoreau natürlich nicht zum orthodoxen Puritanismus bekehrt, sondern die Ähnlichkeit mit den Auffassungen des Puritanismus war nur Ausdruck des Wandels seiner gesamten Weltanschauung von einem mystisch-monistischen zu einem gnostisch-dualistischen Grundtyp.

Auf die Ursachen, die diesen Wandel bewirkten, kann hier nur knapp und holzschnittartig hingewiesen werden. Zweifellos waren es mehrere Gründe – äußere wie innere –, die einen so fundamentalen Wandel von Thoreaus Weltanschauung auslösten. Beginnen wir mit den äußeren, in historischen Ereignissen wurzelnden Einflußfaktoren. Seit seinem Vortrag *Sklaverei in Massachusetts* von 1854 hatte sich das Sklaverei-Problem weiter verschärft. Die von Massachusetts und anderen Nordstaaten erlassenen «Gesetze zur Persönlichen Freiheit» hatten zwar die Auslieferung entflohener Sklaven untersagt, aber sie vermochten die Wirkung des 1850 verschärften Gesetzes gegen flüchtige Sklaven nicht aufzuheben. Auf eine andere negative Wirkung dieses Bundesgesetzes, das die Bürger unter Strafandrohung zwang, entflohene Sklaven anzuzeigen und bei ihrer Auslieferung zu helfen, hatte Thoreau bereits 1854 hingewiesen: *Ich habe das Gefühl, daß der Staat in gewissem Grade auf fatale Weise in meine rechtmäßigen Obliegenheiten eingegriffen hat. Er hat mich nicht nur auf meinem Weg entlang der Court Street beim Einkaufen gestört, sondern er* hat mich und jedermann auf seinem Weg voran und bergan gestört, auf dem wir geglaubt hatten, Court Street schon bald hinter uns zu lassen.[185] Indem der Staat nunmehr Thoreau und andere Bürger per Gesetz zur a k t i v e n Unterstützung der Sklaverei zwang, hatte sich die Situation gegenüber derjenigen des Jahres 1846 wesentlich geändert: Thoreau wurde jetzt nicht mehr bloß daran gehindert, zum Schuster zu gehen, sondern er wurde von seiner Selbstverwirklichung als moralisches Wesen abgehalten, ja sogar zur Mittäterschaft an Verbrechen gezwungen. Thoreaus Bemerkung von 1854 *Der Gedanke an mein Land verdirbt mir das Wandern!*[186] galt gegen Ende der fünfziger Jahre zweifellos noch sehr viel mehr, denn 1857 hatte der Oberste Bundesgerichtshof die berüchtigte «Dred Scott-Entscheidung» gefällt, worin die Sklaven als nicht zur Klage befähigtes Eigentum bezeichnet wurden und außerdem die Begrenzung der Sklaverei auf den Süden (im Missouri-Kompromiß von 1820) für verfassungswidrig erklärt wurde. Damit war rechtlich der Weg zur Ausdehnung der Sklaverei über die ganzen USA geebnet worden. Nichts von alldem hatte Thoreau mit seinen mahnenden Essays und beschwörenden Vorträgen verhindern können. So mußte die Verschlimmerung der Lage ihn doppelt treffen.

Zu diesem frustrierenden Gefühl, bei seinen moralischen Appellen die Stimme eines Rufenden in der Wüste geblieben zu sein, kam das Erlebnis ausbleibender schriftstellerischer Anerkennung hinzu. Die hierdurch bewirkte Niedergeschlagenheit wurde wesentlich dadurch verschärft, daß Thoreau wohl wußte, daß er an Schwindsucht litt – jener Krankheit, der 1849 schon seine Schwester Helen zum Opfer gefallen war. Angesichts seines sich verschlechternden Gesundheitszustands konnte er nicht mehr damit rechnen, noch eine zweite Lebenshälfte vor sich zu haben, die ihm vielleicht schriftstellerischen Erfolg und vor allem das Erlebnis der Beendigung der Sklaverei sowie der moralischen Wiedergeburt Amerikas bescheren würde. *Ich fühle nun*, schrieb er 1856 in sein Tagebuch, *daß es eine Möglichkeit des Scheiterns gibt.*[187] Zwar verkündete er in seinen veröffentlichten Schriften noch lange den kosmischen Optimismus aller Transzendentalisten, aber dies tat er nur gemäß seinem alten Wahlspruch: *Helden verbergen ihre* (inneren) *Kämpfe.*[188]

Gewichtige andere persönliche Faktoren, die den Wandel seiner Weltanschauung beeinflußten, kamen hinzu. So wurde seine literarische Produktivität nicht nur quantitativ, sondern auch qualitativ beeinträchtigt: Thoreaus Fähigkeit zu exakter Naturbeschreibung blieb zwar erhalten, aber immer seltener vermochte er die Beschreibung in meditative Passagen einmünden zu lassen – und dieser kontemplative Stil machte ja seiner Überzeugung nach erst den wahren Dichter aus. Als Grund für diese Schwierigkeiten nannte Thoreau das Versiegen seiner mystischen Erlebnisfähigkeit. Jene in seiner Jugend so reichlich gegenwärtigen Momente der Inspiration und der Erleuchtung, in denen er sagen konnte

Thoreau, 1861. Ambrotypie von E. S. Dunshee

Verstehen wird mir nun zuteil, der ich bislang nur Ohren hatte,
Und Einsicht mir, der seine Augen nur besaß.
Ich leb' im Augenblick, wo einst ich Jahre nur gewahrte,
Und schau die Wahrheit nun, die ich allein aus Bücherwissen kannte.[189]

> *I hearing get, who had but ears,*
> *And sight, who had but eyes before,*
> *I moments live, who lived but years,*
> *And truth discern, who knew but learnings lore.*

– diese *Momente von azurnem Blau*[190] – traten nun immer seltener auf. 1851 hatte Thoreau besorgt in sein Tagebuch geschrieben: *Ich fürchte, daß die Qualität meines Wissens von Jahr zu Jahr exakter und wissenschaftlicher wird; daß ich dabei bin, an Stelle von Blicken so weit wie das Firmament auf das Blickfeld des Mikroskops eingeengt zu werden. Ich sehe zwar Details, aber nicht Ganzheiten oder auch nur den Schatten des Ganzen.*[191] Tatsächlich degenerierten Thoreaus spätere Tagebücher mehr zu Sammlungen naturwissenschaftlicher Beobachtungsdaten, die selten von inspirativen Passagen unterbrochen wurden.

Thoreau, der einst die menschliche Seele mit einer *schweigenden Harfe in Gottes Chor, deren Saiten nur vom göttlichen Odem gestreift zu werden brauchen, um in den Klang der Harmonie der Schöpfung einzustimmen*[192], verglichen hatte, merkte 1852 über seine eigene Psyche an: *Ihre Saite ist verrostet, erschlafft und gelockert; sie bestärkt den Wanderer nicht mehr. Ich vermisse ihren Klang so sehr. Aber so ist es mit allen irdischen Dingen. Jedes Dichters Lyra verliert ihre Saitenspannung. Sie vermag den Wechsel der Kontraktion und Expansion der Jahreszeiten nicht zu ertragen.*[193] Während Thoreau in *Walden* und anderen veröffentlichten Schriften seine Zuversicht auf die Wiederkehr der inneren Fülle, auf die spirituelle Wiedergeburt in einem *Frühling der Frühlinge*[194] verkündete, schrieb er gleichzeitig (1852) in sein Tagebuch: *Obgleich der Frost fast aus dem Boden ist, geht der Winter in mir noch nicht zu Ende. Bei mir hinkt die Jahreszeit hinterher. Vielleicht werden wir älter und älter, bis wir mit dem Kreislauf der Jahreszeiten nicht mehr harmonieren und unsere Winter nicht mehr enden.*[195] Diese depressive seelische Lage wurde zwar immer wieder von hoffnungsfrohen Phasen unterbrochen – diese wurden jedoch seltener, kürzer und schwächer, so daß sie Thoreaus Weltsicht nicht mehr zu prägen vermochten.

Zwei Zitate sollen auf die Auswirkungen hinweisen, die wohl vor allem das Ausbleiben der Transzendenzerfahrungen für Thoreau hatte. Über seine mystischen Erlebnisse hatte Thoreau einmal gesagt: *Nur diese Dinge erinnern mich an meine eigene Unsterblichkeit, die ansonsten nur eine Fabel ist.*[196] Nun, da Thoreau kaum noch die Existenz einer Raum und Zeit übersteigenden höheren Wirklichkeit zu erfahren vermochte, wurde auch seine Todesfurcht nicht mehr relativiert, sondern durch den Verfall seiner Gesundheit sogar gesteigert. Das Nachlassen der mystischen Erlebnisfähigkeit muß zugleich als wichtiger Grund für den Verlust seines Urvertrauens und für seine Abkehr vom transzendentalistischen Glauben an ein moralisch geordnetes Universum, in dem der Endsieg des Guten gewiß ist, angesehen werden: Erfährt doch die positive Weltsicht durch Transzendenzerlebnisse ihre entscheidende Bekräftigung. Abraham Maslow gelangte beispielsweise bei seinen umfangreichen psychologischen Untersuchungen über die Wirkung mystischer Erlebnisse zu dem Ergebnis: «Es ist, als ob die Gipfelerfahrung [d. h. die Transzendenzerfahrung] den Menschen mit der Existenz des Bösen in der Welt versöhne.»[197] Solche Versöhnungserlebnisse hatte Thoreau in den fünfziger Jahren jedoch kaum noch.

Das Nachlassen seiner mystischen Erlebnisfähigkeit deutete Thoreau als ein spirituelles Sterben, das zugleich der Beginn einer Krankheit zum Tode war: *Nicht in unseren Sinnesorganen oder Extremitäten beginnen wir zu sterben, sondern in unseren übernatürlichen Fähigkeiten. Unsere Glieder mögen gesund sein, unser Seh- und Hörvermögen perfekt, aber unsere Genialität und unsere Imaginationskraft offenbaren Zeichen des Verfalls.*[198] Hoffnung machte ihm jedoch eine naturwissenschaftliche Beobachtung: Bäume hatten zwei Wachstumsperioden, ein Frühjahrs- und ein Herbstwachstum. Vielleicht unterlag das spirituelle Leben des Menschen ähnlichen Wachstumsgesetzen! Doch das erhoffte innere *Herbstwachstum* blieb aus. Mit verschiedensten Mitteln versuchte Thoreau, die verlorene spirituelle Fülle wiederzufinden: Zunächst hielt er sich so häufig wie möglich in der Natur auf, die ihm doch so oft ekstatische Zustände beschert hatte. Dann änderte er seinen Lebensrhythmus radikal, indem er ausgedehnte Nachtwanderungen begann. Schließlich brachte ihn die transzendentalistische Theorie von der Natur als Abbild der spirituellen Welt auf die Idee, man müsse über die Naturgesetze auch die Gesetzmäßigkeiten des Seelenlebens bestimmen können. Obwohl er sich früher so kritisch über den Erkenntniswert exakten Wissens geäußert hatte, begann er nun damit, eine gigantische Faktensammlung anzulegen, die zu einem Naturkalender führen sollte, der den gesamten biologischen Rhythmus (Blütezeiten usw.) des Jahres erfassen sollte. Hierdurch hoffte er, die menschliche Seele vermessen, den Rhythmus des seelischen Lebens berechnen und dadurch herausfinden zu können, *wie es geschieht, und woher es kommt, daß Licht in die Seele dringt*[199]. Mit diesem exakten Wissen über die Gesetze der Seele hoffte er, schließlich auch Einfluß auf das spirituelle Wachstum nehmen und seiner inneren Dürre schneller ein Ende bereiten zu können. Diesem Ziel dienten auch asketische Übungen, denen er sich verstärkt widmete.

Doch seine innere Dürreperiode dauerte an – womöglich gerade wegen seiner krampfhaften Anstrengung, denn bei den großen abendländischen Mystikern hätte Thoreau die übereinstimmende Auffassung nachlesen können, daß die «dunkle Nacht der Seele» (Johannes vom Kreuz) niemals durch menschliche Willensanstrengung zu überwinden sei, sondern allein durch die völlige Aufgabe des eigenen Willens. Von den großen abendländischen Mystikern wurde die «dunkle Nacht der Seele» als notwendige

Durchgangsphase des mystischen Erfahrungsprozesses gedeutet. Moderne Mystikforscher sehen in ihr ein positives Gegenstück zur symptomverwandten Depression und schreiben ihr die Funktion einer inneren Vorbereitung des Mystikers auf die Erlangung des höchsten Bewußtseinszustandes (unio mystica) zu. Das erstaunliche innere Wachstum, das sich schließlich in Thoreaus beispielhaftem Sterben offenbarte, legt die Vermutung nahe, daß auch er eine solche für Mystiker charakteristische «dunkle Nacht der Seele» durchlebte und sie in der Endphase seines Lebens überwand.

Das Nachlassen oder Ausbleiben der Transzendenzerfahrungen löste bei Thoreau wachsende Schuldgefühle aus. So heißt es in einer Tagebucheintragung des Jahres 1852: *Ich habe das Gefühl, als ob ich damals die Gabe der Götter mit allzu viel Gleichgültigkeit entgegengenommen habe. Warum habe ich die Felder nicht bestellt, auf die sie mich führten?*[200] Solche Schuldgefühle hatte Thoreau früher durch ein verstärktes asketisches Bemühen verarbeitet, bis sein Streben nach Selbstläuterung dann mit neuen Ekstasen «belohnt» wurde. In den fünfziger Jahren blieb seine asketische Anstrengung jedoch weitgehend erfolglos. Dies brachte natürlich die Gefahr mit sich, daß die Schuldgefühle in ein destruktives Verdammungsgefühl umschlugen. Zu dieser Selbstzerstörung kam es bei Thoreau jedoch nicht, weil er damit begann, die Schuld für seine desolate Situation bei anderen zu suchen. So schrieb er 1859 in sein Tagebuch: *In einer solchen Unordnung und Verseuchung leben wir, daß es praktisch unmöglich ist, eine reine Weste zu bewahren.*[201] Da nicht mehr er selbst, sondern der moralische Sumpf der Gesellschaft, in dem er leben mußte, für seine «Unreinheit» verantwortlich war, trat an die Stelle der Selbstläuterung die Säuberung der Welt vom Bösen. Die weiße Seerose, Symbol der Fähigkeit des Guten, das Böse zu transzendieren, hatte als Vorbild ausgedient. Sie wurde durch John Brown ersetzt, der das Böse gewaltsam eliminierte. In einer Situation der Hoffnungslosigkeit gab John Brown dem Leben Thoreaus neuen Sinn und neue Perspektive. Weil Brown nicht vor der gewaltsamen Ausrottung der Sklavenbesitzer zurückschreckte, konnte Thoreau nun darauf hoffen, noch zu Lebzeiten die moralische Wiedergeburt der USA zu erleben und damit seine eigene «Reinheit» zurückzuerhalten, deren er zur Wiedererlangung der verlorenen inneren Fülle bedurfte. Er konnte sich jetzt als ein zweiter Johannes der Täufer betrachten, der dem neuen Christus den Weg bereitet hatte. Sein Rufen in der Wüste moralischer Lethargie schien nicht vergebens gewesen zu sein.

Das Scheitern John Browns leitete einen erneuten radikalen Wandel Thoreaus ein, erstaunlicherweise jedoch keinen Rückfall in die Depression. Ein Blick in Thoreaus Tagebücher zeigt, daß das Kapitel John Brown mit dem Tod seines Helden praktisch abgeschlossen war. Doch auch die Sache, für die Brown eingetreten war, interessierte Thoreau offensichtlich nicht mehr. 1851 hatte er noch beklagt, daß der moralisch laue Norden sich

*Abraham Lincoln
mit seinem Generalstab
im Bürgerkrieg, 1862*

wohl kaum zu einem Krieg gegen die Sklavenhalter aufraffen würde, von dem allein er sich ja die Abschaffung der Sklaverei noch zu seinen Lebzeiten erhoffen konnte: *Es wäre eine zu strahlende Seite, um gegenwärtig in das Geschichtsbuch unserer Rasse geschrieben zu werden.*[202] Nun, als der ersehnte Krieg gegen die Sklavenhalter 1861 endlich begann, schrieb Thoreau: *Was meinen angehenden Leser betrifft, so hoffe ich, daß er Fort Sumpter, Old Abe & all das i g n o r i e r t, denn das ist doch die vernichtendste und in der Tat die einzige vernichtende Waffe, die man überhaupt gegen das Böse richten kann; denn so lange man von etwas weiß, ist man M i t t ä t e r.*[203]

Hier sprach nicht mehr der militante Thoreau der John Brown-Schriften, sondern wieder der frühe Thoreau, der durch die Politik nicht aus seiner inneren Versenkung gerissen werden wollte. Das Konzept der Säuberung der Welt vom Bösen hatte ausgedient und war wieder durch die radikale Selbstläuterung in Form einer Flucht vor dem Bösen ersetzt worden. Politik war nicht mehr länger ein Instrument zur moralischen Neuordnung der Gesellschaft, sondern wie früher eine Bedrohung der eigenen «Reinheit», und daher hatte man sich vor einer Befleckung mit

Politik zu schützen. So widmete Thoreau nicht einmal mehr der schicksalhaften Wahl Lincolns irgendwelche Reflexionen in seinem Tagebuch. Daß er am Bürgerkrieg keinen Anteil nahm, lag sicherlich nicht nur daran, daß dieser Krieg vom Norden anfangs nicht als ein Kampf zur Sklavenbefreiung, sondern als Krieg zur Erhaltung der Union geführt wurde, oder daran, daß die Truppen des Nordens zunächst meist Niederlagen einstecken mußten.

Die Tatsache, daß Thoreau am Ende seines Lebens zu der politischen Apathie seiner Jugend zurückkehrte, zeigt vielmehr, daß seine vehemente Auseinandersetzung mit der Politik in den fünfziger Jahren nur vordergründig eine wirkliche Hinwendung zur Politik gewesen war. Obwohl er, oberflächlich betrachtet, vom Ende der vierziger Jahre an zu einem radikalen politischen Schriftsteller wurde, blieb sein Verhältnis zur Politik im Grunde genommen zeit seines Lebens gebrochen: Er lernte es nie, in sozialen und politischen Kategorien zu denken, geschweige denn zu handeln. Weder wußte er mit der Macht umzugehen noch lernte er die Bereitschaft zum Kompromiß. «Nützlichkeit» und «Sittlichkeit», Politik und Moral blieben für ihn unversöhnliche Gegensätze, zwischen denen man sich entscheiden mußte. Er konnte oder wollte nicht sehen, daß die Sittlichkeit mit der Nützlichkeit eine Allianz eingehen mußte, wenn sie in einer Gesellschaft von moralischen Durchschnittsmenschen eine einflußreiche Kraft werden sollte. Gut und schlecht blieben für ihn rein moralische Kategorien.

Sein Lehrer Emerson hatte scharfsinnig erkannt, daß Thoreaus vehementer Konflikt mit dem Staat tiefere Ursachen hatte: «Dein eigentlicher Konflikt betrifft die Natur des Menschen.»[204] Als ein Mann, der zeit seines Lebens mit puritanischer Ernsthaftigkeit um moralische und spirituelle Selbstverwirklichung bemüht war und an seine Mitmenschen die gleichen rigorosen Anforderungen stellte wie an sich selbst, ertrug es Thoreau nicht, auf Dauer in einer Gesellschaft von Durchschnittsmenschen, von «Sündern» zu leben, die sich noch nicht einmal mit allen Kräften um Besserung bemühten, sondern nur ein immer bequemeres und angenehmeres Leben erstrebten. Das eigentliche Ziel aller Politik, ein friedliches Zusammenleben unterschiedlicher und moralisch unvollkommener Menschen in größtmöglicher Selbstbestimmung zu ermöglichen, war Thoreau fremd, weil sein Ziel die Überwindung der moralischen Unvollkommenheit des Menschen war, womit Politik überflüssig werden würde. *Wie Du weißt, bin ich in keinerlei Hinsicht ein Politiker*[205], urteilte Thoreau über sich selbst in einem Brief an einen Freund. Aber er war noch nicht einmal ein politisch denkender Mensch, sondern blieb ein radikaler Moralist und Idealist, der sich eine Zeitlang genauso radikal in die Politik eingemischt hatte, wie er ihr dann wieder – notwendigerweise zutiefst frustriert – radikal den Rücken kehrte.

Die eindrucksvolle «ars moriendi» des sterbenden Thoreau deutet darauf hin, daß der mystisch-monistische Pol seines Bewußtseins am Ende des Lebens wohl wieder zum bestimmenden Ordnungszentrum seiner Persönlichkeit geworden war. Im Alter von nur 44 Jahren konnte Thoreau trotz seines vordergründigen Scheiterns in Frieden sterben, weil ihm – wie er wohl erkannt hatte – nach einem Leben unablässigen Bemühens um Selbstverwirklichung gewährt worden war, was er sich in einem seiner frühen Gedichte erbeten hatte:

> *Von Dir, Du großer Gott, erbitt' ich nur die kleine Gabe,*
> *Daß ich mich selbst nicht zu enttäuschen habe ...*
>
> *Daß meine schwache Hand werd' fest wie meine Zuversicht,*
> *Und ich im Handeln mehr erreich', als meine Zunge spricht.*
>
> *Great God, I ask thee for no meaner pelf*
> *Than that I may not disappoint myself ...*
>
> *That my weak hand may equal my firm faith,*
> *And my life practice more than my tongue saith.*[206]

Nachwort zur Wirkungsgeschichte

«Eines der bemerkenswertesten Phänomene der amerikanischen Literaturgeschichte ist das allmähliche Wachstum von Thoreaus Ruhm. Von jemandem, der zu Lebzeiten allgemein als unbedeutend und als Nachahmer Emersons abgelehnt wurde, ist er zum Rang einer unserer fünf oder sechs größten Dichter herangewachsen.»[207] Mit dieser Bemerkung haben die amerikanischen Literaturwissenschaftler Harding und Meyer zu Recht darauf aufmerksam gemacht, daß sich im Laufe eines Jahrhunderts ein radikaler Wandel in der literarischen Einschätzung Thoreaus vollzogen hat. Das einzige, was seine Mitbürger zu seinen Lebzeiten an ihm zu schätzen gewußt hatten, waren seine Bleistifte und seine Vermessungsarbeiten; ansonsten war er für sie ein kauziger Taugenichts geblieben: *Nie werde ich von der Gemeinde einmal eingeladen, etwas wirklich Wertvolles für sie zu tun*[208], hatte Thoreau in seinem Tagebuch geklagt. Literarischen Ruhm hatte er zu Lebzeiten nicht mehr zu ernten vermocht.

Die Tatsache, daß ihm bei seinem Tode erstaunlich viele Zeitungen einen Nachruf widmeten, schien eine Wende zu schnellem postumem Ruhm einzuleiten. Diese Entwicklung, die durch die baldige Veröffentlichung seines literarischen Nachlasses zunächst noch verstärkt wurde, fiel jedoch alsbald dem negativen Einfluß zum Opfer, der von den kritischen Rezensionen James Russell Lowells und Robert Louis Stevensons 1865 bzw. 1880 ausging, die sowohl Thoreaus literarische Qualitäten wie auch seinen Charakter diskreditierten. Andererseits konnte Thoreau jedoch gegen Ende des 19. Jahrhunderts von dem wachsenden Interesse der amerikanischen Leserschaft an der Naturdichtung profitieren, so daß der Verlag Houghton Mifflin 1893 die Herausgabe einer ersten Gesamtausgabe von Thoreaus Schriften (Riverside Edition) wagte. Dennoch stand Thoreau auch zu Beginn unseres Jahrhunderts noch völlig im Schatten seines Lehrers Emerson.

Durch die Weltwirtschaftskrise wurde dann aber auch das Interesse an Thoreaus gesellschaftskritischen Schriften stimuliert. Henry Seide Canbys populär geschriebene Thoreau-Biographie von 1939 – ein Bestseller – machte Thoreau einem größeren Publikum bekannt. 1941 wurde die Thoreau Society gegründet, die heute als die größte literarische Gesellschaft der USA gilt. 1960 erfolgte dann die quasi-offizielle Einreihung Thoreaus

Thoreau-Büste in der Hall of Fame, New York University

unter die Großen Amerikaner durch die Aufnahme seiner Büste in die «Hall of Fame» und durch die Ausgabe einer Thoreau-Sondermarke der amerikanischen Post zu seinem 150. Geburtstag im Jahre 1967.

Diesen offiziellen Ehrungen Thoreaus war allerdings ein mühsamer Prozeß der Anerkennung durch die amerikanische Literaturwissenschaft vorangegangen. Ein entscheidender positiver Einfluß war hierbei von der umfassenden Würdigung Thoreaus ausgegangen, die Francis O.

Matthiessen 1941 in seinem Buch «American Renaissance» gegeben hatte. Sherman Pauls wegweisende Thoreau-Studie «The Shores of America» von 1958 stimulierte schließlich eine intensive wissenschaftliche Beschäftigung mit Thoreau. Seitdem sind zahllose wissenschaftliche Arbeiten über ihn veröffentlicht worden.

Ein wirkliches Massenpublikum fand Thoreau jedoch interessanterweise zuerst im Ausland. Schon um die Jahrhundertwende ließen die britischen Sozialisten, allen voran die Fabian Society, wohlfeile Ausgaben von Thoreaus Schriften verbreiten. Zahlreiche Ortsvereine der gerade erst gegründeten Labour Party nannten sich damals «Walden-Clubs». Für eine massenhafte Verbreitung von Thoreaus Schriften – insbesondere seines Essays über den Zivilen Ungehorsam – sorgte dann aber vor allem Mahatma Gandhi, und zwar zunächst in Südafrika, später auch in Indien. Gandhi hatte anfangs auf Thoreaus Essay zurückgegriffen, weil er glaubte, hiermit den weißen Südafrikanern bzw. den englischen Kolonialherren in Indien sein eigenes hinduistisches «satyagraha»-Konzept eines gewaltlosen Widerstands aus Gewissensgründen besser verständlich machen zu können. Es heißt, Gandhi habe Thoreaus Essay stets bei sich getragen. Zu seiner eigenen Überraschung stellte Gandhi schon bald fest, daß auch seine hinduistischen Landsleute Thoreaus Essay mit Begeisterung lasen.

Daß diese Schrift schließlich auch in Thoreaus Heimatland zu einer Art Bibel des Gewaltlosen Widerstands wurde, ist vor allem Martin Luther King zu verdanken. Dieser hatte den Essay auf dem Umweg über eine Beschäftigung mit Gandhis gewaltloser Massenbewegung kennengelernt. In den USA waren nämlich in den fünfziger Jahren Versuche unternommen worden, Thoreaus Essay in Mißkredit zu bringen und seine Verbreitung zu behindern. So hatte beispielsweise der von dem berüchtigten Kommunistenjäger Senator Joseph McCarthy geleitete «Ausschuß für Unamerikanische Umtriebe» 1951 verfügt, daß Thoreaus Essay über den Zivilen Ungehorsam weltweit aus den Bibliotheken der Amerika-Häuser zu entfernen sei. Damit wurde ausgerechnet die Schrift eines Mannes politisch auf den Index gesetzt, von dem Emerson einst gesagt hatte, niemand verkörpere auf glaubwürdigere Weise das wahre Amerika. Bezeichnenderweise wurden zudem nicht Thoreaus John Brown-Schriften mit ihrer ungeschminkten Gewaltverherrlichung für «unamerikanisch» erklärt – John Brown war ja schließlich im Bürgerkrieg von den Nordstaaten zum Nationalhelden erklärt worden –, sondern vielmehr jene Schrift, die sich gegen die fürwahr unamerikanische Tradition des Untertanengeistes richtete. Ein ähnlicher Verdammungsversuch wurde dann noch einmal in den siebziger Jahren von einer Untersuchungskommission unternommen, welche im Auftrag des amerikanischen Präsidenten die Studenten-Unruhen untersucht hatte: in ihrem Abschlußbericht machte sie den schädlichen Einfluß von Thoreaus Essay für die Unbotmäßigkeit und die

Gewalttätigkeit der Studenten am Ende der sechziger Jahre mitverantwortlich. Als Tatsache stand jedoch nur fest, daß Thoreau durch das 1970 verfaßte Theaterstück von J. Lawrence und R. E. Lee «Die Nacht, die Thoreau hinter Gittern verbrachte» – es wurde zum meistgespielten Stück amerikanischer College-Bühnen – an den Universitäten ungeheuer populär gemacht worden war. Als Martin Luther King in den sechziger Jahren Thoreaus Essay in der amerikanischen Bürgerrechtsbewegung verbreitete, geschah dies vor allem in der Absicht, die bewußt vollzogenen Verstöße gegen Gesetze und Verordnungen der Rassendiskriminierung nicht als bloße Imitationen Gandhis oder anderer ausländischer Vorbilder erscheinen zu lassen, sondern sie in eine ureigene amerikanische Tradition moralisch motivierten Zivilen Ungehorsams zu stellen.

Durch die amerikanische Bürgerrechtsbewegung hatte Thoreaus Essay in seinem Heimatland endlich die massenhafte Verbreitung gefunden, welche sich der Autor zu Lebzeiten vergeblich erhofft hatte. Die Popularität des Essays wuchs noch durch den zunehmenden Widerstand gegen den Vietnam-Krieg. Zahlreiche zum Kriegsdienst einberufene junge Amerikaner schickten damals ihren Einberufungsbefehl kommentarlos mit einem Exemplar von *Civil Disobedience*, in welchem sie die Worte «Mexikanischer Krieg» durch «Vietnam-Krieg» ersetzt hatten, an die Einberufungsbehörde zurück. Militärtransporte zu den Häfen der Westküste wurden unter Berufung auf Thoreau von Kriegsgegnern blockiert, und die festgenommenen Demonstranten lasen den Polizisten und Richtern den Satz aus dem Essay vor, daß derzeit das Gefängnis der einzige anständige Platz für einen moralisch aufrechten Bürger sei. Zahlreiche Persönlichkeiten des öffentlichen Lebens, unter ihnen die Sängerin Joan Baez, verweigerten unter Berufung auf Thoreaus Vorbild ganz oder teilweise die Zahlung ihrer Steuern, solange die USA in Vietnam Krieg führten.

Ende der sechziger und Anfang der siebziger Jahre wurde auch das Interesse der Amerikaner an *Walden* neu geweckt. Dies geschah zum einen durch die Literaten der «Beat Generation», wie etwa Allen Ginsberg oder Jack Kerouac, zum anderen aber auch durch die Hippies und Yippies, die dem «American way of life» den Rücken kehrten und sich zunehmend an Thoreaus Vorbild einfacher Lebensführung und naturnaher Lebensweise orientierten. Viele «Aussteiger» gründeten nun Landkommunen, die oft «Walden» genannt wurden, wobei sie aber geflissentlich übersahen, daß Thoreau sein Walden-Experiment ja gegen das kollektivistische Reformkonzept von Brook Farm unternommen hatte. Die neuen «Walden»-Kommunen konnten sich schon eher auf das literarische Vorbild von «Walden Two» (deutsch: «Futurum Zwei») berufen, das der Verhaltenspsychologe Burrhus Frederic Skinner 1965 verfaßt hatte. Aber da sich dieser utopische Entwurf einer aggressionsfreien Idealgesellschaft auf äußere Verhaltenskonditionierung statt wie bei

Karikatur, 1981: «Die Zeiten ändern sich, Thoreau – warum Sie nicht?»

Thoreau auf innere Selbstreform gründete, hatte Skinners Utopia mit Thoreaus Buch letztlich nur den Titel gemein. Der Thoreau-Kult der Hippies führte immerhin zu einer verstärkten Beachtung der mystischen Dimension seiner Schriften. Gleichzeitig entstand aber auch unter ökologischem Aspekt ein neues Interesse an Thoreaus Naturdichtung, das durch die wachsende Umweltschutzbewegung, vor allem durch den «Sierra Club» und die «Friends of Earth», stimuliert wurde.

Da Thoreau seit den sechziger Jahren somit vor allem zu einem Idol der radikalen wie der liberalen Linken in Amerika geworden war, wurde er fast schon automatisch in konservativen Kreisen diskreditiert. Die Mitte der siebziger Jahre in den USA einsetzende erzkonservative Grundströmung mit ihrer Wiederbelebung der Konsum- und Wachstumsideologie, ihrem kritiklosen Zelebrieren des materialistischen «American way of life», ihrer Sonntags-Moral einer «schweigenden Mehrheit» und ihrem platten religiösen Fundamentalismus sorgte dafür, daß Thoreau in seinem Heimatland wieder aus der Mode geriet. In dem Maße, wie Thoreau nun jedoch aufhörte, ein politisch-weltanschauliches «Glaubensbekenntnis» zu sein, dürften auch wieder die Chancen gestiegen sein, daß er – wenngleich von weniger Lesern – vorurteilsfreier und weniger selektiv gelesen wird als in den Zeiten seiner höchsten Popularität.

Und wie steht es um Thoreau in Deutschland? «Es scheint, daß Thoreau inzwischen überall in der Welt gelesen wird – außer in Deutschland»[209], hieß es 1967 in der ersten deutschen Ausgabe von Thoreaus Essay über den Zivilen Ungehorsam. Dabei war Deutschland das erste nicht-angelsächsische Land gewesen, das Thoreaus Werk entdeckt hatte: Schon 1897 erschien Emma Emmerichs Übersetzung von *Walden*. Dennoch fand Thoreau vor dem Zweiten Weltkrieg in Deutschland keinen größeren Leserkreis. Während Thoreaus Essay in der Nazizeit von den Widerstandsbewegungen Frankreichs, Dänemarks und der Niederlande heimlich in Umlauf gebracht wurde, spielte er für den deutschen Widerstand keine Rolle. Erst die Friedensbewegung der achtziger Jahre machte Thoreaus Essay in Deutschland einem breiteren Publikum bekannt. Den sehr spezifischen Stimulus bildete hierbei die Nachrüstungsdebatte – und entsprechend selektiv fiel auch die Aufnahme Thoreaus bei den deutschen Lesern aus: In der Regel wurde nur sein kleiner Essay über den Zivilen Ungehorsam gelesen, und dieser oft auch noch sehr oberflächlich. Dadurch wurde Thoreau ganz auf den politischen Schriftsteller bzw. auf das Vorbild der Zivilcourage reduziert, und sein individualistisches Widerstandskonzept wurde meistens vorschnell mit den gewaltlosen Massenbewegungen Gandhis und Kings in einen Topf geworfen. Eigenartigerweise wurde Thoreau trotz der stark gewachsenen Umweltschutzbewegung bislang weder als Pionier der Ökologie noch als Kritiker der technisch-industriellen Zivilisation entdeckt. Selbst dem literarisch interessierten und informierten Teil des deutschen Publikums ist Thoreau nur selten ein Begriff, obwohl er längst unbestritten zu den Klassikern der amerikanischen Literatur zählt. Es ist bezeichnend, daß Skinners Buch im Deutschen den Titel «Futurum Zwei» erhielt, weil von den deutschen Lesern nicht erwartet werden konnte, daß sie bei «Walden Zwei» an Thoreaus Meisterwerk denken würden, über das kein geringerer als Hermann Hesse gesagt hat: «Die amerikanische Literatur, so kühn und großartig sie ist, hat kein schöneres und tieferes Buch aufzuweisen.»[210]

An dieser Verkennung Thoreaus in Deutschland ist die hiesige Amerikanistik nicht ganz unschuldig. Der Umfang ihrer Thoreau-Forschung ist so gering, daß fast schon von einer Ignorierung Thoreaus gesprochen werden muß. Die einzige derzeit im Buchhandel erhältliche Thoreau-Studie ist beispielsweise politikwissenschaftlichen Ursprungs, wie sich überhaupt feststellen läßt, daß in der spärlichen deutschen Thoreau-Forschung die gesellschaftskritische Seite Thoreaus am stärksten beachtet worden ist. Die wirkliche Entdeckung des «ganzen» Thoreau steht Deutschland – den Lesern wie den Wissenschaftlern – erst noch bevor. Hoffen wir jedenfalls darauf.

Thoreau, der heute als Klassiker der amerikanischen Literatur anerkannt und dessen Essay über den Zivilen Ungehorsam wohl der «weltberühmteste Essay der amerikanischen Literatur»[211] geworden ist, hatte zeit seines Lebens Zweifel gehabt, ob er wohl je von seinen Landsleuten als Literat anerkannt werden würde, ja, in seinen jungen Jahren war er

Thoreau. Medaillon von
Walton Ricketson, 1879

sich nicht einmal sicher gewesen, ob er überhaupt ein literarisches Kunstwerk zustande bringen könne, das – mochte es auch vom Zeitgeschmack
verkannt werden – vor absoluten Qualitätsmaßstäben bestehen würde.
Er fragte sich, ob es nicht vielleicht besser wäre, sich ganz darauf zu
konzentrieren, das eigene Leben zu einem exemplarischen Kunstwerk
werden zu lassen, statt den Versuch zu unternehmen, literarische Meisterwerke zu schaffen. Ein kurzer Vers des Jahres 1841 deutet jedenfalls darauf hin, daß er damals so dachte:

> *My life has been the poem I would have writ;*
> *But I could not both live and utter it.*[212]

> *Mein Leben selbst: mein nicht geschriebenes Gedicht;*
> *Denn beides: leben und es noch in Worte fassen, konnt' ich nicht.*

Welch ein Glücksfall für uns alle, daß er sich dann doch dazu durch-
rang, beide Ziele anzustreben. Die Anerkennung, daß seine Schriften
genauso wie sein Leben Kunstwerke waren, ließ allerdings mehr als ein
Jahrhundert auf sich warten.

Anmerkungen

Mehrfach zitierte Werke werden wie folgt abgekürzt:

W   The Writings of Henry David Thoreau (Walden / Manuscript Edition). Hg. von B. Torrey / F. Allen. 6 Bde. Boston 1906.

J   The Journals of Henry David Thoreau. Hg. von B. Torrey / F. Allen. 14 Bde. Boston 1906.

PT   The Portable Thoreau. Hg. von Carl Bode. (20. Aufl.) New York 1976.

C   The Correspondence of Henry David Thoreau. Hg. von W. Harding / C. Bode. New York 1958.

P   Henry David Thoreau: Collected Poems. Hg. von Carl Bode. Baltimore 1964.

WD   Henry David Thoreau: Walden oder Leben in den Wäldern. Dt. v. E. Emmerich / T. Fischer. Zürich 1971.

AW   A Detailed Chronology of Thoreau's Life. In: Annotated «Walden». Hg. von Philip Van Doren Stern. New York 1970.

HM   Harding, Walter / Meyer, Michael: The New Thoreau Handbook. New York / London 1980.

K   Klumpjan, Helmut: Die Politik der Provokation: Henry David Thoreau, Literat – Gesellschaftskritiker – Nonkonformist. Frankfurt/Bern/New York/Nancy 1984.

PE   The Portable Emerson. Hg. von Mark Van Doren. (19. Aufl.) o. O. 1976.

S   Spiller, E. et al. (Hg.): Literaturgeschichte der Vereinigten Staaten. Mainz 1959.

1   J III: 71
2   J IX: 160
3   C: 19
4   Daniel, zit. n.: S: 405
5   Emerson, zit. n.: S: 405
6   Thoreau, zit. n.: S: 405
7   Ders. ebd.
8   C: 19 f
9   J (22. Oktober 1837)
10   J (6. März 1837)
11   J (25. Juli 1839)
12   J (24. Dezember 1841)
13   J (21. Februar 1842)
14   C: 112

15   J (4. Juni 1850)
16   Channing, zit. n.: AW: 68
17   Thoreau, zit. n.: AW: 82
18   J (10. Oktober 1851)
19   J (22. Januar 1852)
20   J (21. Januar 1853)
21   J (8. Dezember 1854)
22   J (7. Januar 1855)
23   C: 376
24   J (20. Januar 1856)
25   Thoreau, zit. n.: AW: 103
26   J (6. und 7. Januar 1857)
27   J (8. Februar 1857)
28   C: 545

29 J (3. Februar 1859)

30 J (17. November 1859)

31 Alcott, zit. n.: AW: 135

32 Thoreau, zit. n.: AW: 136

33 Thoreau, zit. n.: Miller, Perry (Hg.): Conciousness in Concord. Boston 1958. S. 67

34 Channing, William Ellery: Thoreau: The Poet-Naturalist. (2. Aufl.) Boston 1902. Repr.: New York 1966. S. 340

35 PE: 589

36 PT: 273

37 PE: 27

38 PT: 549

39 J III: 226

40 Emerson, Ralph Waldo: Complete Works. London 1894f. Bd. I, S. 15

41 W I: 405

42 PT: 611

43 J I: 126

44 W V: 224

45 W II: 230

46 W III: 78

47 W III: 18

48 W II: 244

49 W I: 197f

50 Ebd.

51 C: 598

52 W V: 105

53 J II: 151

54 W II: 183

55 PT: 633

56 J II: 477

57 J VI: 311

58 W V: 131

59 Ebd.

60 W I: 339

61 HM: 163

62 C: 125

63 WD: 188–191

64 Lüdeke, Henry: Geschichte der amerikanischen Literatur. Bern/ München 1963. S. 152

65 J I: 149

66 W I: 100

67 W I: 418

68 W I: 419

69 C: 216

70 Alcott, Amos B.: Tagebucheintragung vom 9. März 1849, zit. n.: Hoeltje, Hubert E.: Thoreau as a lecturer. In: New England Quarterly. Bd. 19 (Brunswick 1946), S. 493

71 PT: 308

72 PT: 289

73 W IV: 291

74 PT: 306

75 PT: 642

76 C: 496

77 PE: 575

78 PT: 269

79 PT: 335

80 Henry David Thoreau: Early Essays and Miscellanies. Hg. von J. J. Modenhauer / E. Moser / A. Kern. Princeton 1975. S. 116

81 PT: 288

82 PT: 267

83 W IV: 48

84 Emerson, zit. n.: Ahlstrom, Sydney E.: A Religious History of the American People. New Haven/ London 1972. S. 599

85 W I: 79

86 J IX: 188

87 W I: 77f

88 Hier ist vor allem auf Burnouf und Cousin hinzuweisen, deren Übersetzungen orientalischer Religionsschriften starken Einfluß auf die Transzendentalisten ausübten.

89 W V: 14

90 Ebd.

91 J III: 21

92 PE: 584

93 PT: 270

94 Ebd.

95 PT: 121

96 PT: 653

97 PT: 654

98 J VI: 339

99 W I: 283

100 P: 144

101 J IX: 479

102 W V: 216

103 W IV: 281
104 PT: 564 f
105 J I: 133
106 Dana, zit. n.: Stoehr, Taylor: Transcendental Attitudes toward Communitism and Individualism. In: Emerson Society Quarterly. Bd. 20 (Hartford, Conn. 1974), S. 79
107 Alcott, Amos B.: Journals. Hg. von O. Shepard. (2. Auflage) Port Washington, N. Y. 1966. Bd. I, S. 238 f
108 PT: 315
109 PT: 562 f
110 W II: 11 f
111 W II: 8
112 PT: 596
113 P: 137
114 J I: 119
115 W I: 14
116 W I: 12
117 W I: 413
118 PT: 292
119 PT: 337
120 PT: 343
121 PT: 349
122 PT: 350
123 PT: 649
124 PT: 344
125 PT: 551
126 J III: 99
127 Zit. n.: Glick, Wendell P.: The Recognition of Henry David Thoreau. Ann Arbor 1969. S. 11
128 J IV: 162
129 PT: 343 f
130 PT: 566
131 Staples, zit. n.: AW: 136
132 W V: 269 f
133 P: 135
134 Maslow nennt folgende dreizehn Kriterien: Akzeptierung der Unvollkommenheiten des Lebens – Einfachheit der Lebensführung – hohe Zielsetzungen des Handelns – eigenverantwortliche, aktive Lebensgestaltung – Distanz zur Gesellschaft – Frische der Alltagserfahrung – Freundschaften mit Tiefgang – häufigere und intensivere Transzendenzerfahrungen – strikte, aber unkonventionelle Moralvorstellungen – philosophisch / pädagogischer Humor – allumfassende Kreativität – soziokulturelle Autonomie – soziales und humanitäres Engagement. Nur das letzte Kriterium wird nach Homans Auffassung von Thoreau nicht erfüllt. Siehe: Maslow, Abraham: Motivation and Personality. New York 1954: S. 202 f; sowie die 2. Aufl.: New York 1970 S. 155 f und die nachfolgend angeführte Studie von Homan
135 Homan, John: Henry David Thoreau as Self-Actualizer. Diss. Univ. of Southern Illinois at Carbondale 1978. S. 67
136 W V: 305
137 W V: 331
138 W V. 307
139 W I: 133
140 W IV: 405
141 Seinem schon 1848 gehaltenen Vortrag hatte Thoreau den Titel *The Rights and Duties of the Individual in Relation to Government* gegeben. Im darauffolgenden Jahr erschien dann die Essay-Fassung unter dem Titel *Resistance to Civil Covernment*; der Titel *Civil Disobedience* wurde dem Essay erst 1866, also posthum, gegeben. Zu den möglichen Gründen für Thoreaus abweichende Titel-Wahl siehe: K: 145 und 304 f
142 Näheres hierzu bei: Harding, Walter: Was It Legal? Thoreau in Jail. In: American Heritage. Bd. 26. New York 1975. S. 36 f; zusammenfassend: K: 130 f
143 W IV: 360
144 J II: 171
145 W IV: 361 f
146 W IV: 360 f
147 W IV: 376

148 PT: 122

149 W IV: 366

150 W IV: 356

151 Ebd.

152 W IV: 357

153 PT: 111

154 W IV: 370

155 PT: 111

156 Jaffa, Henry: Reflections on Thoreau and Lincoln. In: Goldwin, Robert A. (Hg.): On Civil Disobedience. Chicago 1968. S. 33

157 PT: 123

158 W IV: 365

159 W IV: 371 f

160 W II: 190

161 W IV: 368

162 Ebd.

163 W IV: 367

164 W IV: 362

165 W IV: 407 f

166 W IV: 388

167 W II: 8

168 W IV: 362

169 J XIV: 292

170 W IV: 434

171 Ebd.

172 W IV: 435

173 W IV: 443

174 W IV: 438

175 W IV: 451

176 W IV: 438

177 Alle Zitate stammen aus Thoreaus *A Plea for Captain John Brown*

178 W IV: 449 f

179 W IV: 439

180 W IV: 413

181 *Reform Papers*. Hg. von Wendell Glick. Princeton 1973. S. 8

182 Ebd., S. 7

183 W IV: 424

184 W IV: 430

185 W IV: 406

186 W IV: 407

187 J VIII: 120 f

188 W IV: 344

189 PT: 208

190 P: 3

191 J II: 406

192 J I: 53

193 J IV: 206

194 PT: 296

195 J III: 363

196 J IV: 39

197 Maslow, Abraham: Religions, Values, Peak-Experiences. New York 1974. S. 63 f

198 J VI: 80

199 W II: 321

200 J III: 222

201 J XII: 123

202 J II: 174

203 C: 611

204 Emerson, Ralph Waldo: The Journals and Miscellaneous Notebooks. Hg. von W. H. Gilman / A. R. Ferguson / R. H. Orth. Cambridge, Mass. 1963. Bd. IX. S. 447

205 C: 371

206 P: 10

207 HM: 202

208 J IV: 252

209 Richartz, W. E.: Über Henry David Thoreau. In: Henry David Thoreau: Über die Pflicht zum Ungehorsam gegen den Staat. Zürich 1967. S. 117

210 Zit. n.: WD: Text des rückwärtigen Buchumschlags

211 Harding, Walter: Henry David Thoreau's «Walden» and «Civil Disobedience». Rutherford, N. J. 1972. S. 73

212 C: 85

Zeittafel

1817   12. Juli: Henry David Thoreau wird in Concord, Mass. geboren.
        Amtsantritt von Präsident Monroe (Demokrat).

1833   Beginn des Studiums an der Harvard University.
        Präsident Jackson (Demokrat) tritt seine zweite Amtsperiode an.

1835   Schulpraktikum bei Orestes A. Brownson.

1837   Studienabschluß; kurze Zeit Lehrer an der Public School in Concord; lernt
        Emerson, den Begründer des Neuengland-Transzendentalismus, kennen;
        beginnt sein Tagebuch.
        Amtsantritt von Präsident Van Buren (Demokrat).

1838   Gründung einer Privatschule.
        Tocquevilles «Über die Demokratie in Amerika» erscheint in der ersten
        amerikanischen Ausgabe.

1839   Zweiwöchige Fahrt auf den Flüssen Concord und Merrimack mit seinem
        Bruder John.
        Gründung der «Liberty»-Partei, die gegen eine Ausdehnung der Sklaverei
        ist.

1840   Beginn seiner Freundschaft mit Bronson Alcott und William Ellery Chan-
        ning; Veröffentlichung des Essays *Aulus Persius Flaccus* in der transzen-
        dentalistischen Zeitschrift «The Dial».
        Wahl von Harrison (Whig) zum Präsidenten; die sechste Zählung der US-
        Bevölkerung ermittelt 17 Millionen Einwohner.

1841   Schließung der Privatschule, weil John an offener Tuberkulose erkrankt ist;
        Beginn eines zweijährigen Aufenthalts bei Emerson.
        Gründung der transzendentalistischen Kommune «Brook Farm»; nach dem
        Tod von Präsident William Henry Harrison wird Vizepräsident Tyler dessen
        Nachfolger.

1842   Tod seines Bruders John durch Wundstarrkrampf (11. Januar); dadurch:
        schwere psychosomatische Krise.
        Massenwanderung nach Oregon («Oregon-Fieber»).

1843   Übernahme einer Tutorenstelle auf Staten Island bei New York; am Jahres-
        ende: Rückkehr nach Concord.
        Beginn der großen Einwanderung aus Skandinavien.

1844   Verursacht aus Unachtsamkeit einen Waldbrand.
        James K. Polk (Demokrat) wird zum Präsidenten gewählt; ein zwischen
        dem Außenministerium und Texas unterzeichneter Annexionsvertrag wird
        vom Senat verworfen.

1845   Zieht am 4. Juli, dem Unabhängigkeitstag, in eine selbstgebaute Hütte am
        Walden-See bei Concord.

Margaret Fuller veröffentlicht ihr emanzipatorisches Buch über «Die Frau im 19. Jahrhundert»; Annexion von Texas.

1846   23. Juli: Wegen Steuerverweigerung für eine Nacht im Gefängnis.

Die USA erklären Mexiko den Krieg. Streit um das «Wilmot Proviso», durch das die Sklaverei in den von Mexiko eroberten Gebieten ausgeschlossen werden soll.

1847   Beendigung des Walden-Experiments; wieder als Hilfskraft in Emersons Haus tätig.

Amerikanische Truppen im Mexikanischen Krieg siegreich.

1848   Vortrag: *Die Rechte und Pflichten des Individuums gegenüber der Regierung*.

Gründung der «Freesoil»-Partei, die eine Zulassung der Sklaverei in den neuen westlichen Territorien verhindern will; Wahl von Zachary Taylor (Whig) zum Präsidenten.

1849   Tod seiner Schwester Helen (14. Juni); Veröffentlichung des Essays *Widerstand gegen die Staatsregierung*.

Der Goldrausch löst eine Massenwanderung nach Kalifornien aus.

1850   Beginnt als Landvermesser zu arbeiten; Reise nach Kanada.

«Kompromiß von 1850» einschließlich eines verschärften Gesetzes gegen flüchtige Sklaven vom Kongreß verabschiedet; Vizepräsident Fillmore wird nach dem Tod Taylors 13. Präsident; Hawthornes Roman «Der scharlachrote Buchstabe» erscheint.

1851   Hilft einem entflohenen Sklaven bei der Flucht nach Kanada.

Zahlreiche nördliche Staaten erlassen «Gesetze über die persönliche Freiheit», welche die Auslieferung entflohener Sklaven verbieten; Melvilles Roman «Moby Dick» erscheint.

1852   Mehrere Vorträge außerhalb Concords.

«Onkel Toms Hütte» erscheint in Buchform; Wahl von Franklin Pierce (Demokrat) zum 14. Präsidenten.

1854   Endgültige Fertigstellung und Veröffentlichung von *Walden*; Vortrag und Essay: *Sklaverei in Massachusetts*.

Kansas-Nebraska-Gesetz: die Siedler sollen selbst über eine Zulassung der Sklaverei entscheiden.

1855   Reise zum Cape Cod und anschließende literarische Verarbeitung.

In Kansas konkurrieren zwei Regierungen – eine der Sklavereianhänger und eine der Sklavereigegner – um die Macht; Whitmans Gedichtsammlung «Grashalme» erscheint.

1856   Trifft den Dichter Walt Whitman in Brooklyn.

Wahl von James Buchanan (Demokrat) zum Präsidenten; Bürgerkrieg in Kansas.

1857   Ausflug in die Wildnis von Maine; erste Begegnung mit John Brown.

Schwere Wirtschaftsdepression; «Dred Scott-Entscheidung»: der Supreme Court lehnt die Klage auf Freilassung mit der Begründung ab, Sklaven seien keine US-Bürger, sondern dingliches Eigentum; die regionale Begrenzung der Sklaverei wird für verfassungswidrig erklärt.

1858   Reise in die White Mountains; Streit mit dem Herausgeber des «Atlantic Monthly» Lowell.

Lincoln erklärt in einer Debatte, die Union sei auf Dauer mit der Sklaverei unvereinbar.

1859   Tod des Vaters und Übernahme der Bleistiftmanufaktur; öffentliche Vertei-
digung von Browns Überfall.

Oktober: John Brown überfällt mit seinen Männern das US-Waffenarsenal
in Harper's Ferry (West-)Virginia, um einen allgemeinen Sklavenaufstand
anzufachen. Er wird jedoch gefangengenommen und am 2. Dezember
gehängt.

1860   Naturwissenschaftlicher Vortrag: *Die Artenfolge der Waldbäume.*

Die demokratische Partei bricht wegen der Sklavenfrage endgültig auseinander. Abraham Lincoln (Republikaner) wird mit knapper Mehrheit zum
Präsidenten gewählt.

1861   Verschlimmerung seines Lungenleidens; Reise nach Minnesota; im November Ende der Tagebucheintragungen.

Kansas wird sklavenfrei als 34. Staat in die Union aufgenommen; mit den
Schüssen auf Ford Sumter beginnt im April der Bürgerkrieg zwischen Nord-
und Südstaaten.

1862   Am 6. Mai stirbt Henry David Thoreau im Alter von 44 Jahren.

Die Sklaverei wird in der Unionshauptstadt Washington aufgehoben; am
19. Juni wird auch die Sklaverei in den Territorien des Westens abgeschafft.

«Überflüssiger Reichtum . . .

... kann nur Überflüssiges kaufen.»

Aber wer hat den schon! Die meisten von uns wünschen sich nur etwas Vermögen als Sicherheit. Das kann und sollte man sich kaufen, denn überflüssig ist es nie.

Pfandbrief und Kommunalobligation

Meistgekaufte deutsche Wertpapiere - hoher Zinsertrag - schon ab 100 DM bei allen Banken und Sparkassen

Zeugnisse

Noch nie hat ein so wahrer Amerikaner gelebt wie Thoreau.
Ralph Waldo Emerson, Begründer des Neuengland-Transzendentalismus
(«Thoreau», 1862)

Sein ganzes Leben war eine Suche nach dem Doktor.
James Russell Lowell, abolitionistischer Schriftsteller und Literaturkritiker
(«Thoreau», 1862)

Mit einem Wort, Thoreau war ein Drückeberger. Er wünschte nicht, daß
die Tugend aus ihm hinaus zu seinen Mitmenschen gehe, sondern er stahl
sich in eine Ecke, um sie für sich selbst zu horten.
Robert Louis Stevenson, Romancier und Literaturkritiker («Henry David
Thoreau: His Character and His Opinions», 1880)

Kein anderer Schriftsteller hat für die Unabhängigkeit des amerikanischen Denkens mehr geleistet.
Fred Lewis Pattee, Literarhistoriker («Thoreau» in: «A History of Ameri-
can Literature», 1896)

Thoreau zeigt in seinem Leben und in seinen Schriften, was die [amerika-
nische] Pionierbewegung erreicht hätte, wenn diese große Wanderungs-
bewegung nach Kultur gesucht hätte statt nach materieller Eroberung,
nach Intensität des Lebens statt nach bloßer Ausdehnung über den Konti-
nent.
Lewis Mumford, amerikanischer Kulturkritiker («The Golden Day»,
1926)

Seine Ideen beeinflußten mich stark. Ich übernahm einige von ihnen und
empfahl all meinen Freunden, die meinen Einsatz für die Unabhängigkeit
Indiens unterstützten, die Beschäftigung mit Thoreau. Aus diesem
Grunde entlehnte ich auch den Namen meiner Bewegung aus Thoreaus
Essay *Über die Pflicht zum Zivilen Ungehorsam . . .*
Mahatma Gandhi (zit. n.: Walter Harding: A Thoreau Handbook. New
York 1959, S. 200)

Während meiner frühen College-Tage las ich Thoreaus Essay über den Zivilen Ungehorsam zum erstenmal. Von der Idee fasziniert, daß man die Zusammenarbeit mit einem moralisch schlechten System verweigern solle, war ich so tief bewegt, daß ich die Schrift mehrere Male von neuem las. In mir wuchs damals die Überzeugung, daß die Verweigerung der Zusammenarbeit mit dem Bösen genauso eine moralische Verpflichtung ist wie die Zusammenarbeit mit dem Guten. Keine andere Person hat diese Idee trefflicher formuliert oder leidenschaftlicher zu vermitteln verstanden als Henry David Thoreau. Dank seiner Schriften und seines persönlichen Zeugnisses sind wir die Erben eines Vermächtnisses schöpferischen Protests. Es bedarf keiner besonderen Worte, daß Thoreaus Lehren heute noch lebendig sind, fürwahr, sie sind lebendiger als je zuvor.

Martin Luther King, jr. («A Legacy of Creative Protest», 1962)

Es sind nun nahezu sechzig Jahre her, daß ich Thoreaus Traktat über den «bürgerlichen Ungehorsam» kennenlernte. Ich las ihn mit dem starken Gefühl: Das ist etwas, was mich unmittelbar angeht. Erst sehr viel später aber habe ich verstanden, woher jenes Gefühl kam. Es war das Konkrete, Persönliche, das «Jetzt und Hier» an der Schrift, was ihr mein Herz gewann. Thoreau formulierte nicht einen allgemeinen Grundsatz als solchen; er beschrieb und begründete seine Haltung in einer bestimmten historisch-biographischen Situation. Er sprach seinen Leser im Bereiche dieser ihnen gemeinsamen Situation so an, daß der Leser nicht bloß erfuhr, warum Thoreau damals so handelte, wie er handelte, sondern – wofern dieser Leser nur redlich und unbefangen war – auch, daß er selber, der Leser, gegebenenfalls eben solcherweise handeln mußte, wenn es ihm ernstlich darum zu tun war, seine menschliche Existenz zu verwirklichen.

Es geht hier nicht einfach um einen der vielen Einzelfälle in dem Kampf einer machtlosen Wahrheit gegen eine wahrheitsfeindlich gewordene Macht. Es geht um die ganz konkrete Aufzeigung des Punktes, an dem je und je dieser Kampf zur Pflicht des Menschen *als Mensch* wird. Indem Thoreau von seiner geschichtlichen Situation so konkret spricht, wie er es tut, sagt er das für alle Menschengeschichte Gültige auf die richtige Weise aus.

Martin Buber (Brief des jüdischen Philosophen an den Herausgeber der «Massachusetts Review» aus dem Jahre 1962)

Bibliographie

1. Bibliographien, Hilfsmittel

Henry David Thoreau. A Descriptive Bibliography. Hg. von RAYMOND R. BORST. Pittsburgh, Pa. 1982 (erfaßt in erster Linie die Primärliteratur).

A Bibliography of Henry David Thoreau. Hg. von FRANCIS H. ALLEN. Boston/ New York 1908; Repr.: New York 1967 (wichtig für die vor 1900 erschienene Literatur).

Henry David Thoreau and the Critics. A Checklist of Criticism, 1900–1978. Hg. von JEANETTA BOSWELL / SARAH CROUCH. Metuchen, N. J./London 1981 (die bislang umfangreichste Sekundärliteratur-Bibliographie zu Thoreau).

Über Neuerscheinungen informiert vierteljährlich das «Thoreau Society Bulletin».

2. Englischsprachige Ausgaben der Werke

a) Gesamtausgaben

The Writings of Henry David Thoreau (Riverside Edition). 10 Bde. Boston/New York (Houghton-Mifflin) 1893. [Erstausgabe]

The Writings of Henry David Thoreau (Walden/Manuscript Edition). Hg. von BRADFORD TORREY / FRANCIS ALLEN. 20 Bde. Boston/New York (Houghton-Mifflin) 1906. [Bislang verbreitetste Ausgabe]

The Writings of Henry David Thoreau (Princeton Edition). Hg. von WALTER HARDING / WILLIAM L. HOWARTH / ELIZABETH HALL WITHRELL. Auf 25 Bände veranschlagt. Princeton 1971 f. [Kritisch edierte Neuausgabe]

b) Erstveröffentlichungen und Erstausgaben wichtiger Schriften

A Natural History of Massachusetts. (In: The Dial. Boston 1842).

Paradise (to be) Regained. (In: United States Magazine and Democratic Review. Washington 1834).

A Walk to Wachusett. (In: Boston Miscellany. Boston 1843).

A Winter Walk. (In: The Dial. Boston 1843).

Thomas Carlyle and His Works. (In: Graham's American Monthly Magazine of Literature, Art, and Fashion. Philadelphia 1847).

A Week on the Concord and Merrimack Rivers. Boston (Munroe) 1849.

Resistance to Civil Government. (In: Aesthetic Papers. Boston 1849).

Walden. Boston (Ticknor & Fields) 1854.

Slavery in Massachusetts. (In: Liberator. Boston 1854).

A Plea for Captain John Brown. (In: J. REDPATH (Hg.), Echoes of Harper's Ferry. 1860).

The Last Days of John Brown. (In: Liberator. 1860).

The Succession of Forest Trees. (In: New York Tribune. 1860)

Die nachfolgenden Schriften und Sammelbände erschienen postum:

Walking. (In. Atlantic Monthly. Boston: Juni 1862).

Autumnal Tints. (In: Atlantic Monthly. Boston: Oktober 1862).

Wild Apples. (In: Atlantic Monthly. Boston: November 1862).

Life Without Principle. (In: Atlantic Monthly. Boston 1863).

Excursions. Boston (Ticknor & Fields) 1863.

Cape Cod. Boston (Ticknor & Fields) 1864.

The Maine Woods. Boston (Ticknor & Fields) 1864.

Letters to Various Persons. Boston (Ticknor & Fields) 1865.

A Yankee in Canada, with Anti-Slavery and Reform Papers. Boston (Ticknor & Fields) 1866.

Poems of Nature. Boston (Houghton-Mifflin) 1895.

The Service: Qualities of the Recruit. Boston (Goodspeed) 1902.

Sir Walter Raleigh. Boston (The Bibliophile Society) 1905.

Journal. Boston (Houghton-Mifflin) 1906.

Hinweise: Die angegebenen Daten beziehen sich stets auf den Zeitpunkt der Veröffentlichung; viele Arbeiten Thoreaus wurden schon wesentlich früher als Vortragsfassung fertiggestellt.

Die postum erschienenen Sammelbände enthalten auch Material, das schon zu Lebzeiten Thoreaus in Zeitschriften erschienen ist.

Einen vollständigen Überblick über sämtliche Erstausgaben gibt:

BORST, RAYMOND R.: Henry David Thoreau. A Descriptive Bibliography. Pittsburgh 1982.

Zahlreiche Manuskripte des Autors wurden bis heute noch nicht bzw. nur unvollständig veröffentlicht. Einen Überblick über Thoreaus Manuskripte liefert:

HOWARTH, WILLIAM L.: The Literary Manuscripts of Henry David Thoreau. Ohio State University Press 1974.

c) Wichtige Einzelausgaben

The Annotated Walden. Hg. von PHILIP VAN DOREN STERN. New York 1970; enthält auch eine annotierte Fassung von «Civil Disobedience».

The Variorum Civil Disobedience. Hg. von WALTER HARDING. New York 1967.

Collected Poems of Henry David Thoreau. Hg. von CARL BODE. Baltimore 1964.

The Correspondence of Henry David Thoreau. Hg. von WALTER HARDING / CARL BODE. New York 1958.

Consciousness in Concord. The Text of Thoreau's Hitherto «Lost Journal» (1840–41). Hg. von PERRY MILLER. Boston 1958.

Thoreau's Literary Notebook in the Library of Congress. Hg. von KENNETH WALTER CAMERON. Hartford, Conn. 1964 (Faksimile-Ausgabe von Manuskripten).

d) Auszüge verschiedener Werke

The Portable Thoreau. Hg. von CARL BODE. New York 1964.

3. Deutschsprachige Ausgaben

Leben – ein unversuchtes Experiment. [Walden] Zürich (Manutiuspresse) 1961.
Walden oder Leben in den Wäldern. Zürich (Diogenes) 1971.
Walden oder Hüttenleben im Walde. Zürich (Manesse Bibliothek der Weltliteratur) 1972
Über die Pflicht zum Ungehorsam gegen den Staat. [Und andere Essays] Zürich (Diogenes) 1973.
Leben ohne Grundsätze. Eine Auswahl aus seinen Schriften. Stuttgart (Klett-Cotta) 1979.
Vom Wandern. Horn–Bad Meinberg (Verlag der Manufactur) 1983.
Einsichten – Zwiesprache mit der Natur. Gronau (Alouette) 1984.
Leben aus den Wurzeln. Freiburg (Herder) 1985.

4. Literatur über Thoreau

Schon 1959 merkte der führende amerikanische Thoreau-Forscher Walter Harding an: «Das wissenschaftliche Werk über Thoreau ist gewaltig, so gewaltig, fürwahr, daß nur der extreme Spezialist hoffen kann, sich mehr als nur einen Bruchteil hiervon einzuverleiben.» (In: «A Thoreau Handbook», New York 1959, S. IX.) Seitdem ist ein ganzer Berg neuer Forschungsarbeiten wie auch eher populärer Darstellungen über Leben und Werk Thoreaus hinzugekommen. Die neueste, von Boswell und Crouch 1981 herausgegebene Bibliographie zählt schon über 2000 Titel. Allein die Anzahl der unveröffentlichten amerikanischen Dissertationen über Thoreau hat das Hundert bereits weit überschritten. In merkwürdigem Kontrast hierzu steht die Tatsache, daß bis dato nur eine einzige deutschsprachige Thoreau-Studie (s. u.: KLUMPJAN, H., Die Politik der Provokation) im Buchhandel erhältlich ist. Auch die unveröffentlichten wissenschaftlichen Thoreau-Studien aus Deutschland lassen sich an einer Hand abzählen.

Für denjenigen, der sich intensiver mit Thoreau befassen möchte, bringt diese Situation neben dem Sprachproblem die Schwierigkeit mit sich, daß nur ein geringer Teil der englischsprachigen Bücher über Thoreau in deutschen Bibliotheken vorhanden und oft nicht oder nur unter Mühen ausleihbar ist. Aus diesem Grunde wurde die nachfolgende Literatur-Liste auf eine kleine Auswahl beschränkt. Bei weiterreichendem Interesse sei auf das umfangreiche Literaturverzeichnis der genannten deutschsprachigen Thoreau-Studie verwiesen. Bei einer wissenschaftlichen Beschäftigung mit Thoreau wird auf die angeführten Bibliographien (insbesondere: BOSWELL / CROUCH, sowie die Nachträge im Thoreau Society Bulletin) nicht verzichtet werden können.

ANDERSON, CHARLES R.: The Magic Circle of Walden. New York 1968.

BRIDGMAN, RICHARD: Dark Thoreau. Lincoln, Neb./London 1982.

CAVELL, STANLEY: The Senses of «Walden». New York 1972.

CHANNING, WILLIAM ELLERY JR.: Thoreau: The Poet Naturalist. (1873) Repr.: New York 1966.

COOK, REGINALD LANSING: Passage to Walden. Boston 1949.

EDEL, KEON: Henry David Thoreau. Minneapolis 1970.

EMERSON, RALPH WALDO: Thoreau. In: The Portable Emerson. Hg. von MARK VAN DOREN. o. O. 1976: S. 567 f.

FLAK, MICHELINE: Thoreau, ou la Sagesse au Service de l'Action. Paris 1973.

FOERSTER, NORMAN: The Intellectual Heritage of Thoreau. Folcroft, Pa. 1969.

GAYET, CLAUDE: The Intellectual Development of Henry David Thoreau. Uppsala 1981.

GLICK, WENDELL P. (Hg.): The Recognition of Henry David Thoreau. Selected Criticism Since 1848. Ann Arbor 1969.

GOZZI, RAYMOND D. (Hg.): Thoreau's Psychology: Eight Essays. Lanham, Md. 1983.

GREENE, DAVID MASON: The Frail Duration: A Key to the Symbolic Structure of «Walden». San Diego 1966.

HARDING, WALTER: The Days of Henry David Thoreau: A Biography. New York 1967.

(Hg.): Henry David Thoreau. A Profile. New York 1971.

(Hg.): Thoreau: A Century of Criticism. Dallas 1954.

/ GEORGE BRENNER / PAUL A. DOYLE (Hg.): Henry David Thoreau: Studies and Commentaries. Rutherford, N. J. 1972.

/ MICHAEL MEYER: The New Thoreau Handbook. New York/London 1980.

HICKS, JOHN HARLAN (Hg.): Thoreau: A Centenary Gathering. In: The Massachusetts Review. Vol. 4. Amherst 1962. S. 41 f.

(Hg.): Thoreau in Our Season. Amherst, Mass. 1966.

HOWARTH, WILLIAM L.: The Book of Concord. Thoreau's Life as a Writer. New York 1982.

INNERHOFER, HELGA: Henry David Thoreau. Seine Stellung zu seiner Zeit, zu Mensch und Natur. (Unveröffentlichte Dissertation.) Universität Innsbruck 1951.

KLUMPJAN, HELMUT: Die Politik der Provokation: Henry David Thoreau. Literat – Gesellschaftskritiker – Nonkonformist. Frankfurt/Bern/New York/Nancy 1984.

LACEY, JAMES FRANCIS: Henry David Thoreau in German Criticism, 1881–1965. (Unveröff. Diss.) New York University 1968.

LEBEAUX, RICHARD MARK: Young Man Thoreau. Amherst, Mass. 1977. Thoreau's Seasons. Amherst, Mass. 1984.

McELRATH, JOSEPH R. JR.: Walden (Commentary). Lincoln, Neb. 1971.

(Hg.): Thoreau: A Symposium. In: The Emerson Society Quarterly. Vol. 19. Hartford, Conn. 1973. S. 131 f.

MELTZER, MILTON (Hg.): Thoreau: People, Principles, Politics. New York 1963. / WALTER HARDING: A Thoreau Profile. Concord 1976.

MOLDENHAUER, JOSEPH J.: Merrill Studies in «Walden». Columbus 1971.

PAUL, SHERMAN: The Shores of America. Thoreau's Inward Exploration. Urbana, Ill. 1958.

(Hg.): Thoreau: A Collection of Critical Essays. Englewood Cliffs 1963.

RULAND, RICHARD (Hg.): Twentieth Century Interpretations of «Walden»: A Collection of Critical Essays. Englewood Cliffs, N. J. 1968.

SALT, HENRY STEPHENS: Life and Writings of Henry David Thoreau. (London 1890). Repr: Hamden, Conn. 1968.

SHANLEY, JAMES LYNDON: The Making of «Walden», with the text of the First Version. Chicago/London 1965.

STOLLER, LEO: After Walden: Thoreau's Changing Views on Economic Man. Stanford 1957.

TAYLOR, J. GOLDEN (Hg.): The Western Thoreau Centenary. Selected Papers. Logan, Utah 1963.

TIME, EUGENE F. (Hg.): Thoreau Abroad: Twelve Bibliographical Essays. Hamden, Conn. 1971.

VAN DOREN, MARK: Henry David Thoreau: A Critical Study. (Boston 1916). Repr: New York 1961.

WAGENKNECHT, EDWARD: Henry David Thoreau, what manner of man. Amherst, Mass. 1981.

WOLF, WILLIAM J.: Thoreau. Mystic, Prophet, Ecologist. Philadelphia 1974.

ZWANZIG, KARL-JOACHIM: Henry David Thoreau als Kritiker der Gesellschaft. (Unveröffentlichte Dissertation) F. U. Berlin 1956.

5. Zeitschriften, die dem Leben und Werk Thoreaus gewidmet sind

Das wichtigste dieser Periodika ist das von der Thoreau-Society (unter seinem derzeitigen Sekretär Prof. Walter Harding) herausgegebene «Thoreau Society Bulletin», das seit 1941 vierteljährlich in Geneseo, N. Y. erscheint.

Die anderen beiden Periodika sind: «The Concord Saunterer», herausgegeben vom Concord Lyceum durch Th. Blanding (Concord, Mass. 1966f); und:

«The Thoreau Journal Quarterly», herausgegeben von der Literaturwissenschaftlichen Fakultät der University of Maine (Orono, Maine: 1969f).

6. Sonstige Informations-Ressourcen

Mit weltweit derzeit über 1600 Mitgliedern ist die «Thoreau Society» die wohl größte literarische Vereinigung der USA. Sie hält regelmäßig Workshops zu unterschiedlichsten Aspekten von Thoreaus Leben und Werk ab und gibt vierteljährlich das «Thoreau Society Bulletin» heraus, außerdem unterhält sie in Concord das «Thoreau Lyceum», ein Thoreau gewidmetes Museum und Archiv. Interessenten können sich wenden an:

The Thoreau Society. Thoreau Lyceum.
156 Belknap Street. Concord, Mass. 01742 USA
Auch Thoreau-Literatur, Bildmaterial etc. kann von hier bezogen werden.

Namenregister

Die kursiv gesetzten Zahlen bezeichnen die Abbildungen

Über die Autoren

Helmut Klumpjan promovierte über das Politikverständnis von Henry D. Thoreau; derzeit arbeitet er als Universitätsassistent in Erlangen. Sein Bruder Hans-Dieter ist als Lehrer in Essen beschäftigt; nebenbei ist er übersetzerisch und publizistisch tätig.

Quellennachweis der Abbildungen

Sammlung H. D. und H. Klumpjan: 652/53, 69, 83, 126

Aus: Henry D. Thoreau, The Annotated Walden, hg. v. Philip van Doren Stern, N. Y. 1970: 8/9, 14, 15 o., 22, 25, 34, 37, 50, 54, 59, 64/65, 70, 85, 91, 97, 110, 118/119

Aus: Toward the Making of Thoreau's Modern Reputation, hg. v. Fritz Oehlschläger u. George Hendrick, Urbana, Chikago, London 1979: 11, 102

Aus: Milton Metzler, Walter Harding, A Thoreau Profile, Concord 1976: 15 u., 45, 46, 80, 81, 84, 120, 122, 134

Aus: Dictionary of American Portraits, hg. v. H. und B. Cirker, New York 1968: 16, 77, 101

Aus: Thoreau, A Centenary Gathering, hg. v. John Harlan Hicks, Amherst 1962: 19

Aus: Walter Harding, The Days of Henry Thoreau, New York 1865: 21

Aus: Letters of Elizabeth Palmer Peabody, hg. v. Bruce A. Ronda Middleton, Conn. 1984: 27, 78

Aus: Thomas Blanding und Walter Harding, A Thoreau Iconography, New York 1980: 29, 93, 139

Oscar Lion Collection, New York Public Library: 31

Sammlung Gleason: 38, 58, 89, 92, 98

Ullstein-Bilderdienst: 43

Historia Photo, Hamburg: 61, 72, 105, 124

Aus: A Thoreau Gazetter, hg. v. Robert F. Stowell und William L. Howarth, Princeton 1970: 74

Aus Autobiography of Brook Farm, hg. v. Henry W. Sams, Eaglewood Cliffs, N. J. 1958: 76

Aus: Frank B. Sanborn, The Life of Henry David Thoreau, Boston, New York 1917: 107

Photo Division, Ministry of I and B. Government of India: 113

Radio Times Hulton Picture Library: 112

Aus: In Wildness is the Preservation of the World, hg. v. Eliot Porter, New York 1976: 116

Archiv für Kunst und Geschichte, Berlin: 130/131

Aus: Thoreau Society Bulletin, Nr. 101: 137

rowohlts bildmonographien

rororo bildmonographien

C 2054/5